벌레가 되어도 출근은 해야 해

일러두기

이 책에 들어간 인용문은 대부분 저작권자의 사용 허락을 받았습니다.
그러나 일부 저작권자의 사전 허락을 받지 못한 경우가 있습니다.
이와 관련하여 문의하실 분들은 편집부로 연락주시기 바랍니다.

벌레가 되어도 출근은 해야 해

초판 1쇄 발행 2022년 5월 2일

지은이 박윤진

펴낸이 조기흠
기획이사 이홍 / **책임편집** 박단비 / **기획편집** 유소영, 정선영, 임지선, 전세정
마케팅 정재훈, 박태규, 김선영, 홍태형, 배태욱, 임은희 / **제작** 박성우, 김정우
디자인 문성미

펴낸곳 한빛비즈(주) / **주소** 서울시 서대문구 연희로2길 62 4층
전화 02-325-5506 / **팩스** 02-326-1566
등록 2008년 1월 14일 제 25100-2017-000062호

ISBN 979-11-5784-576-7 03190

이 책에 대한 의견이나 오탈자 및 잘못된 내용에 대한 수정 정보는 한빛비즈의 홈페이지나
이메일(hanbitbiz@hanbit.co.kr)로 알려주십시오. 잘못된 책은 구입하신 서점에서 교환해드립니다.
책값은 뒤표지에 표시되어 있습니다.

⌂ hanbitbiz.com 🅕 facebook.com/hanbitbiz 🅝 post.naver.com/hanbit_biz
▶ youtube.com/한빛비즈 🅞 instagram.com/hanbitbiz

지금 하지 않으면 할 수 없는 일이 있습니다.
책으로 펴내고 싶은 아이디어나 원고를 메일(hanbitbiz@hanbit.co.kr)로 보내주세요.
한빛비즈는 여러분의 소중한 경험과 지식을 기다리고 있습니다.

벌레가 되어도 출근은 해야 해

버티기 장인이 될 수밖에 없는
직장인을 위한
열두 빛깔 위로와 공감

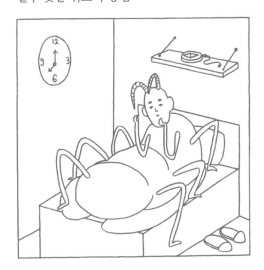

박윤진 지음

HB 한빛비즈
Hanbit Biz, Inc.

"도대체 나는 누구입니까?"
"어떻게 사는 게 잘사는 겁니까?"

철학 상담을 공부한다고 하니까 주변 분들이 제게 자주 하는 질문들입니다. 알 만큼 알고, 살 만큼 살았는데 위 질문에 대해선 그 어떤 답도 떠오르지 않는다며 답답해하시더군요. 그때마다 저는 이렇게 말씀드립니다.

사람은 하나의 '이야기'입니다. 이야기는 누군가 짜놓은 '생각'이고요. 이 '생각'의 주된 재료가 또 '이야기'이기도 합니다. 사람과 이야기, 생각은 모두 긴밀하게 연결되어 있는 것이죠. 그리고 좋은 나무가 좋은 열매를, 나쁜 나무가 나쁜 열매를 맺듯 좋은 이야기는 좋은 이야기를, 나쁜 이야기는 나쁜 이야기를 계속 지어 나가기 쉽습니다. 그래서 그 어떤 이야기도 자신의 허락 없이 계속 떠들도록 내버려 두면 안 됩니다. 이야기들이 자라 견고하고 정교해지기 전에 가능한 한 빨리 자신의 이야기를 주도해야 합니다.

물론 그냥 막연한 결심과 의지로는 이미 쓰여진 이야기를, 굳어진 생각을 바꾸기 어렵습니다. '사람'은 무수히 많은 '이야기'를 통해서 '생각'하는 존재. 그러니 좋은 이야기를 통해 생각을 좋은 쪽으로 바꿔야 합니다. 이것이 바로 나와 세상 그리고 삶에 대한 근원적이고도 구체적인 이야기가 필요한 이유입니다.

이 책에서 소개하고 있는 13권의 책은 바로 우리가 자신만의 이야기를 할 때 쓸모가 큰 책들입니다. 이미 고전이라는 타이틀을 차지한 책들도 많습니다만, 그중에서도 많은 분들이 실전에서 바로 써먹을 수 있다고 검증된 책들만 엄선했습니다. 본문에서 소개한 책들과 에피소드들은 독서 모임과 상담에서 들은 실화를 바탕으로 하고 있습니다.

퇴직한 뒤 배회성 치매에 걸린 선배를 회사 로비에서 만났을 때, 자신도 모르게 사무실에서 눈물이 나거나 비명을 질렀을 때, 낙하산 임원이 이유 없이 나만 미워해 승진에서 밀렸을 때, 고생이란 고생은 다 했는데 명예퇴직을 권고받았을 때 등 결코 좋은 이야기를 쓸 수 없는 상황에서도 여기 있는 책을 읽고 자신만의 긍정적인 이야기를 만들었다는 분들이 있습니다. 만약 책이 잘 읽히고 공감된다면, 그 이유는 여기 소개된 이야기들이 우리 이웃의 생생한 체험담인 동시에 바로 당신의 이야기이기 때문입니다.

　아무쪼록 이 책에 담긴 이야기들이 독자 여러분의 삶의 이야기를 엮어 나가는 데 조금이나마 도움이 되길 진심으로 바랍니다.

　책을 꼼꼼히 읽고 교정을 봐준 사랑하는 아내와 수빈, 해빈, 찬빈, 빛나는 세 아이에게 감사의 마음을 전합니다.

2022. 04.

저자 박윤진

목차

늦잠 잤다고
가족에게 성질을 내버렸다

'변신'에는 크게 두 가지 유형이 있습니다. 하나는 그리스 로마 신화의 제우스처럼 흰 소나 황금비로 변했다가 언제든 원래 자기 모습으로 돌아올 수 있는 전지전능한 경우이고, 다른 하나는 《변신》의 주인공 그레고르 잠자처럼 자기 모습을 되찾을 수 없는 무력하기 짝이 없는 경우입니다.

어느 날 갑자기 벌레로 변해버린, 이 어이없고 억울한 상황을 저항도 못하고 받아들여야 하는 잠자는 이 와중에도 지각을 걱정합니다. 이유는 단 하나. 그가 회사원이기 때문이죠.

도대체 '회사'는, '먹고살기 위해 하는 일'은 사람을 어떻게 바꿔 놓는 걸까요? 어쩌다가 주인공은 벌레의 모습으로 변한 상황보다 지각을 먼저 걱정하게 되었을까요?

알았다고, 알았으니까 그만 좀 해!

"일어나, 늦겠어! 벌써 7시 10분이야!" 아내의 목소리가 다급하다.

"뭐라고? 왜 이제 깨워! 미쳤어!"

"미쳤냐고? 30분째 깨우고 있잖아! 아기 안고 달래면서, 당신 아침밥 차리면서, 종종걸음으로 내가 침대에 몇 번이나 왔다 갔다 했는 줄 알아? 내가 매일 아침마다 얼마나 스트레스 받는데 고맙단 말은 못 할망정 미쳤냐고? 세상에 경기도에서 서울로 출근하는 사람이 당신 혼자야? 아침형 인간이란 말도 못 들어봤어?"

요즘 아침형 인간에 대한 아내의 찬사는 끝이 없다. '아침형 인간은 저녁형 인간보다 평균 수명이 길다', '같은 80년을 살아도 일찍 일어난 만큼 아침형 인간이 저녁형 인간보다 오래 산 셈이다', '아침형 인간은 저녁형 인간보다 혈관질환이나 암에 걸릴 위험이 낮다', '아침형 인간은 저녁형 인간보다 자살 시도를 덜 하고, 성관계는 더 많이 갖는다' 등등. 최 대리는 그렇게 오래 살고 싶지 않았다. 편히 살다 편히 가고 싶었다. 회사 생활 7년 만에 최 대리의 영혼과 몸은 먹다 남은 라면처럼 잔뜩 불어 있었다.

아내의 목소리 볼륨과 톤을 봤을 때 최 대리는 빨리 꼬리를 내려야 했다. 이유 여하를 따질 것도 없이 '미쳤냐'는 말은 큰 잘못이다. 그렇지만 갑자기 100% 반성 모드로 바꿀 순 없고, 우선 목소리 톤을 최대한 불쌍하게 느껴지도록 고쳤다. 동시에 뇌의 절반은 빛보다 빠른 속도로 어제 밀린 업무와 오늘 해야 할 업무 그리고 내일 예정된 업무까지 계산해냈다. 최 대리는 비몽사몽에도 이런 생각을 척척 해내는 자신이 대견했다.

"요즘 회사 일이 너무 많아서 그래. 이럴 땐 출퇴근 왕복 3시간 10분이 정말 지옥 같아. 마을버스 잡으러 뛰어야지, 지하철 갈아타면 숨도 못 쉴 정도로 답답하지. 출근도 하기 전부터 몸과 마음이 파김치가 된다고. 너무 힘들어."

하긴 그럴 때도 됐다. 벌써 7년 아닌가!

턱없이 올라버린 아파트값에 부부는 일찌감치 서울을 포기했다. 신도시에 신혼집을 잡고 서울 입성을 다시 노리자, 매달 적금은 얼마씩하고, 부모님들 용돈은 당분간 양해를 구하고, 주말엔 좋은 아파트 매물이 나오면 보러 다니자고 의기투합했다. 그리고 늘어난 출퇴근 시간을 걱정하는 아내에겐 아침형 인간으로 거듭나 자기 계발 시간으로 쓰면 오히려 더 좋지 않겠냐고 최 대리가 먼저 당당하게 약속했다. 그랬었다.

최 대리의 변명에도 아내는 여전히 화가 나 있었다. 아내는 부르르 떨면서 얼굴을 감싸고 털썩 주저앉았다. 앉으면서 손에 있던 주걱도 바닥에 던졌다.

"매번 내가 잘못했대. 오늘은 미쳤냐고 소리지르고. 내가 뭘 그렇게 잘못했어? 아침마다 이게 뭐야?"

결국 아내가 운다. 서럽게. 이 와중에 이러면 안 되는데 정말 미쳤는지 최 대리는 순간적으로 폭발하고 말았다.

"알았다고, 알았으니까 그만 좀 해!"

이미 늦은 일이다. 최 대리는 생각했다. '아, 조금만 참을걸. 조금만 일찍 일어날걸. 마지막 말은 하지 말걸. 무슨 부귀영화를 본다고 이 고생이람. 근데 지각하면 어쩌지?' 어이없게 최 대리는 이 상황에서도 지각이 걱정됐다. 기록에 남는 행동은 절대 하지 말라던 선배들의 충고가 번쩍 생각난 것이다. 정성적 평가야 상황에 따라 달라지지만, 결근이나 지각처럼 시스템에 남는 근태 현황은 어쩔 수 없다고 했다. 최 대리는 비록 육체는 출근하지만 자신의 영혼은 집에 남아 아내를 위로해 주었으면 좋겠다고 생각하며, 이런 상황에서 허겁지겁 출근하는 것도 결국 가족을 위한 것이라고 합리화했다.

서둘러 준비하고 나오니 아내가 정성껏 준비한 된장찌개 냄새가 거실에 가득했다. 최 대리는 들릴락 말락 작은 소리로 미안하단 말만 남긴 채 뛰기 시작한다. 7시 28분에 출발하는 지하철을 놓치면 지각 확정이다. '마을버스가 제때 와야 하는데.' 뛸 때마다 느낀다. 근육은 부족하고 지방은 넘실댄다. 갑자기 전에 끊어둔 헬스클럽 회원권이 생각났다. 원래 있던 헬스클럽이 망해서 반도 못 쓴 회원권을 날릴 상황이 됐다. 신장개업 전단지에 적힌 전화번호로 연락했더니, "회원님, 일단 한번 와 보세요!"라는 활기찬 목소리가 들렸다. 그 대답을 들은 게 벌써 두 달 전. 아직 한 번도 못 갔다.

지하철역까지는 눈을 감고도 갈 수 있다. 다른 신경 쓸 거 없이 내달리기만 하면 된다. 최 대리는 발이 여럿 달린 벌레처럼 잘 달렸다. 조금이라도 빨리 가야 한단 생각에 에스컬레이터에 올라탄다. 거기서도 뛴다. 최 대리만 뛰는 게 아니다. 다들 같이 뛴다. 쿵쿵 소리가 공사장에서 쇠말 뚝 박는 수준이다. 에스컬레이터가 자주 고장 나는 이유 가 있다. 뛰지 말라는 안내문이 허수아비처럼 무능하다.

꼭 이런다. 개찰구가 보이면 지하철은 항상 우리 역에 거의 도착 직전인 것이다. 구원열차는 언제나 무심하다. 전광판은 이제 막 플랫폼으로 열차가 들어오는 모습을 보 여준다. 전력 질주하면 간신히 탈 수 있을지 어떨지 모르 겠다. 이 와중에 교통 요금 후불카드가 개찰구에서 한 번 걸린다. 삑삑거리더니 1초 후 길을 터 준다. 다시 계단. 걸 음아 나 살려라! 잠이 덜 깬 근육은 오른발 왼발도 헷갈 린다. 허벅지는 금방 후들거리고 무릎은 시리다. "출입문

이 닫힙니다. 안전문이 닫힙니다" 소리를 들으며 아슬아슬
하게 다이빙 승차에 성공한다. 성공을 꾸짖는 안내방송이
들린다. 무리한 승차를 하면 위험하단다. 이 안내방송은
무리한 승차를 한 후엔 더욱 또렷하게 들린다.

지옥철 풍경

　승차 성공의 기쁨도 잠시. 주변 눈초리가 대단하다. 눈
으로 하는 욕과 말로 하는 욕은 위력이 같다. 최대한 모른
척하지만, 최 대리 때문에 뒤로 밀린 아저씨는 어깨를 거
칠게 휘두른다.

　"거참, 그만 좀 밀어요!" 아저씨 뒤에 계시던 할머니께
서 소리를 지르신다.
　"내가 밀고 싶어서 밀어요? 막 밀고 들어오니까 나도 할
수 없이 밀린 거잖아요!" 최 대리는 시치미를 뚝 뗀다. 안
들린다, 안 들린다, 안 들려야만 한다.

　다음 정거장 문이 열린다. 내렸다 다시 탄다. 내리는 사
람들에게 떠밀려 자동으로 그렇게 되는 것이다. 그러나 다

시 타기가 만만치 않은 상황. 승차를 위해 대기 중인 사람들이 길게 늘어서 있다. 초조하게 순서를 기다리며 한 걸음씩 전진하다가 내가 탈 순서에 몸을 싹 돌린다. 엉덩이로 밀고 들어가기 위해서다. 처음에는 살살 민다. 어림없다. 밀어붙인다. 조금씩 가능성이 보인다. 몸 전체가 가까스로 들어가자마자 문이 닫히기 시작한다. 가방이 낄까봐 고개를 숙이고 문이 닫히는 걸 끝까지 지켜본다. 가방은 안전하다. 다행이다.

어라? 숙였던 머리를 들 수가 없다. 머리카락이 지하철 문에 제대로 끼인 탓이다. 지하철은 덜컹이며 달리기 시작한다. 손잡이는 잡지 못했지만 전혀 흔들리지 않는다. 사람들 속에 파묻혀 있기도 하거니와, 문에 낀 머리털이 제법 많기 때문이다. 아무 일 없다는 듯 계속 가방을 본다. 다음 정거장, 문이 열리고 머리가 해방된다. 몇 가닥 빠졌다. 그래도 고개를 드니 세상 편하다. 목을 뒤로 젖혀보고 옆으로도 돌려본다. 다행히 잘 돌아간다.

우리나라는 유달리 지옥과 관계가 깊다. 우선 나라의 별명은 '헬조선'이다. 그리고 헬조선 사람들은 지하철을 '지옥철'이라고 부른다. 문득 이 숨막히는 지옥철 한가운

데에서 최 대리는 오늘 아침 집에서 벌어진 작은 전쟁을 떠올렸다.

최 대리는 생각이 깊어졌다. 간신히 올라탄 지하철은 지금 나를 어디로 데려가고 있는 걸까? 이 많은 이웃들은 지금 어디를 향해 뛰고 있는 걸까? 울고 있는 아내를 남겨 둔 채 미친 듯 달려 출근하는 내 모습을 누군가 봤다면, 그는 나에게 묻지 않을까? 도대체 무엇 때문에 이렇게 달리느냐고. 최 대리는 갈아탄 지하철 한쪽 구석에 박혀 어제 산 《변신》을 가방에서 꺼냈다.

벌레 DNA 보다 센 회사원 DNA

주인공 그레고르는 늘 오른쪽으로 누워 잔다. 최 대리도 그렇다. 자고 일어나면 오른쪽 어깨가 단단히 뭉쳐있는 이유도 한쪽으로 자기 때문이다. 최 대리는 자신도 모르게 왼손으로 오른쪽 어깨를 주물렀다. 그런데 지금은 그 정도 마사지로 해결될 수준이 아니었다. 그레고르는 지금 진짜 쇠똥구리로 변해 있으니 말이다. 그는 하루아침에 장갑차처럼 딱딱한 둥근 등을 가지게 되었다.

"나는 왜 이런 고된 직업을 택했단 말인가! 날이면 날마
다 여행이라니. (…) 기차 접속에 대한 걱정, 불규칙적이고
질 나쁜 식사, 자꾸 바뀌어서 지속되지도, 정들지도 못하
는 사람들과의 관계 등. 악마나 와서 다 쓸어가라지!"

벌레로 변했지만 회사원 DNA는 고스란히 남았는지, 그
레고르는 여전히 회사와 밥벌이에 대한 화를 참을 수 없
다. 회사 생활이 얼마나 뭐 같으면, 벌레로 변한 와중에도
회사 욕부터 나온단 말인가. 그러면서 그는 회사원들이
멍청해지는 이유를 잠을 잘 자지 못하기 때문이라고 딱
잘라 말한다.

"이렇게 일찍 일어나니까 사람이 멍청해지지. 사람은 모
름지기 잠을 잘 자야 해."

최 대리는 맞는 말이라며 만족스럽게 웃었다.

하지만 곧 책 속의 그레고리는 모든 걸 다 잊고 출근을
준비한다. 벌레로 변한 현실이 아직 실감 나지 않는 모양
이다. 이내 그는 타야 할 기차 출발시간과 사장의 호된 꾸
지람을 떠올리며 절망한다. 지각을 피할 수 없게 되었기

때문이다. 지각할 수밖에 없었던 그럴듯한 이유가 뭐 없을까 고민하던 그에게 뻔한 핑계가 하나 생각난다. '몸이 아프다고 하면 어떨까?' 물론 0.1초도 안 돼 이 핑계는 버려진다. 왜냐하면 그레고르는 5년 동안 일해 오면서 한 번도 아프지 않았기 때문이다.

최 대리는 슬펐다. 벌레로 변해서까지 지각과 사장님의 꾸지람을 걱정하는 회사원. 자신도 바로 그러한 회사원이라는 사실에 우울해졌다. 회사원은 도대체 어떤 존재인가? 나는 지금 어떤 모습으로 변해가고 있는 걸까? 최 대리는 자신의 팔다리를 힐끔 쳐다보았다.

이제 그레고르는 지금 상황이 꿈이 아닌 것을 안다. 말을 할 때마다 극한 고통이 찍찍 벌레 소리와 함께 섞여 나오기 때문이다. 굳이 자기 뺨을 세게 때리지 않아도 너무 아파서 더 이상 꿈이라고 우길 수가 없게 된 것이다. 하지만 사람이 벌레로 변신했다는 게 말이 되는 소린가?

"일곱 시 십오 분이 되기 전에는 무슨 일이 있어도 이놈의 침대를 완전히 벗어나야 한다. 그때까지 일어나지 않으면 매장에서 내가 어찌 된 셈인지 누구든 물어보러 올테지, 매장은 일곱 시 전에 여니까."

그레고르의 예상은 적중했다. 회사에서 누군가 집으로 찾아온 것이다. 그것도 지배인이 직접 왔다. 참으로 야박한 노릇이다. 어찌하여 그레고르는 조금만 지각해도 가차없이 큰 혐의를 받는 회사에 고용되어 일하는 운명이란 말인가?

이 와중에도 그레고르는 '지배인에게도 언젠가 자신이 겪는 것과 비슷한 일이 일어날 수도 있지 않을까?', '장사꾼이라면 몸이 약간 불편한 것쯤은 장사를 생각해서 매우 빈번히 참고 넘어가야 한다고 생각하는 지배인도 어느 날 아침 벌레로 변할 수 있을까?' 하는 다소 엉뚱한 생각이 들었다.

최 대리는 단번에 팀장 얼굴이 떠올랐다. 팀장은 회사

에서 유명한 마이크로 매니저micromanager다. 마이크로 매니저란 모든 업무에 사사건건 간섭하는 관리자를 말한다. 마이크로 매니저인 팀장이 벌레로 변했다고 생각하니 꽤 통쾌했다. 마이크로 매니저와 일하는 팀원들은 사소한 일까지 신경 써야 하고, 자기 혼자 할 수 있는 일이 거의 없다고 느낀다. 따라서 늘 팀장 눈치를 보게 된다. 특히 지각 같은 대형 사고(?)가 생기면 그날은 불안 장애를 각오해야 한다.

'요즘 장사가 썩 안 되는 철이기는 해. 그건 우리도 인정하지. 그러나 장사가 잘 안 되는 철이라는 건 도통 있지도 않거니와, 있어서도 안 된단 말일세'라는 말도 안 되는 주장을 지껄이는 지배인도, 예상치 못한 어떤 날 지금의 나처럼 벌레가 되는 건 아닐까?

카프카는 그레고르의 이런 물음에 '그럴 수도 있는 가능성을 시인해야 했다'라고 썼다.

최 대리는 이쯤에서 작가가 궁금해졌다. 프란츠 카프카. 그는 오스트리아, 헝가리 제국 보헤미아 지역의 프라하에서 태어났다. 보헤미아 지역은 여러 민족과 언어가 뒤섞여 있는 곳으로, 역사적으로 많은 침략과 전쟁이 있어 온 분쟁지역이다. 이곳에서 카프카는 독일어를 쓰는 유대인으로 자랐다. 불안정한 정치 환경 속에서 언어와 민족이 서로 다르다는 건 카프카의 정체성 확립에 큰 어려움을 줬을 것이다.

이런 성장 배경 속에서 카프카는 '나는 누구인가?'라는 질문을 곱씹으며 살 수밖에 없었을 것이다. 그런 묵직한 질문을 가슴에 숨긴 채 법률사무소와 보험회사 외판원으로 일했던 카프카. 기계처럼 반복되고 오로지 돈만 좇는 월급쟁이 생활은 그를 더더욱 인간과 삶에 대한 깊은 질문에 빠지게 만들었을 것이다.

나는 왜 지금 여기에 있는가? 내가 지금 이렇게 살아있어야만 하는 어떤 이유라도 있는가? 그것이 없다면, 내가 벌레와 다를 게 무엇인가? 단지 인간이라는 이유? 그렇다면 나는 인간답게 살고 있는가? 인간답게 사는 건 또 뭐지?

인간 역시 다른 존재들과 마찬가지로 존재해야만 하는 분명한 이유를 가지고 있지 않다. 우리도 벌레와 다를 바

없다. 아무런 이유 없이 존재한다. 그럼에도 불구하고 인간은 살고자 한다. 그것도 다른 존재와는 다르게 살고자 한다. 그래서 유달리 옳은 것, 좋은 것, 아름다운 것을 찾아 헤맨다. 옳지 않고, 좋지 않고, 아름답지 않은 삶은 그 누구도 원하지 않는다. 그런 삶을 살아선 안 된다고 서로를 격려하고 교육한다. 그러나 사실 그 어디에도 인간이 찾는 진선미眞善美는 없다. 이런 건 인간이 사회를 유지하기 위해 만든 속임수일지도 모른다. 아무 이유 없이 태어나, 진선미를 꿈꾸다가 결국 죽음에 이르는 인간은 그 존재 자체가 허무하고 부조리하다. 그리고 불안하다.

하지만 아무리 그래도 인간을 벌레로 변신시키는 건 너무하지 않은가. 수많은 존재들 중에 왜 하필 벌레일까? 작가는 가족들을 위해 성실하고 소박하게 살아온 착하디착한 우리 그레고르를 왜 벌레로 변신시켰을까? 벌레의 등과 다리를 하고서도 회사에 지각할까 봐 걱정하는 천상 회사원인 우리 그레고르는 왜 다시 인간으로 돌아올 수 없었을까? 최 대리는 카프카가 마치 자신까지 벌레로 보는 것 같이 느껴졌다. 기분이 영 찜찜했다.

하지만 인간을 벌레에 비유한 건 카프카만이 아니다.

괴테도《파우스트》에서 인간을 이렇게 설명했다.

> "나는 신들을 닮지 않았다! 오히려 벌레와 닮았다. 어디
> 서나 인간은 고통을 겪는다는 것, 어쩌다 하나쯤은 재수
> 좋은 놈이 존재했다는 것, 그것을 알려고 수천 권의 책을
> 읽어야 한다는 말인가?"

최 대리는 홍분을 가라앉히고 벌레를 생각해 봤다. 자신이 아는 벌레 중 가장 악질은 바퀴벌레다. 그 이유는 아내 때문이다. 아내는 바퀴벌레라는 소리만 들어도 혼수상태가 된다. 아마 대부분 비슷할 것이다. 바퀴벌레는 사람들이 항상 끔찍하게 생각하는 생명체 중 하나니까. 하지만 바퀴벌레가 정말 가장 최악의 벌레일까? 끔찍하고 없어져야 하는 존재일까? 이건 그냥 지독하게 인간 중심적인 사고 아닐까? 사람 마음에 들지 않는다는 이유 하나만으로 바퀴벌레는 죽어 마땅한 최악의 존재가 된다. 이 상황을 알게 된다면 바퀴벌레는 뭐라고 할까? 단박에 이렇게 묻지 않을까?

"니가 뭔데? 인간이 뭔데? 나랑 뭐가 다른데?"

인간은 벌레와 뭐가 다른가

이제 우리가 답할 차례다. 우리는 무슨 자격으로 바퀴벌레를 그토록 처참하게 학살하는가? 인간은 벌레와 뭐가 다른가?

인간은 뛰어난 두뇌를 가졌다? 바퀴벌레 앞에서 자랑할 일은 아니다. 우린 아직도 바퀴벌레를 전멸시키지 못하고 있다. 적어도 생존에 관한 한 바퀴벌레가 더 뛰어나지 않을까. 인간은 언어를 사용한다? 바퀴벌레도 페로몬이라는 화학물질이나 더듬이를 통해 적절하게 의사소통한다. 인간은 사회를 구성하고 민주적으로 살아간다? 벨기에 브뤼셀자유대학 호세 할로이 박사팀은 바퀴벌레가 살아가기 위해 사회성을 갖고 행동하며 협력과 경쟁을 한다는 연구 결과를 미국국립과학원회보PNAS에 발표한 바 있다. 인간은 불을 사용한다? 바퀴벌레는 생존하는데 불 따윈 필요 없다. 질긴 생명력으로는 지구 최강이다. 3억 5천만 년 이상 진화하면서 오늘날까지 버텨왔다.

까놓고 말해서 우리가 바퀴벌레를 죽일 수 있는 이유는 딱 하나다. 우리가 바퀴벌레보다 힘이 더 세기 때문이다. 이 논리를 그대로 우리 삶에 적용해 보자. 힘센 사람이 자기보다 약한 사람을 죽여도 문제가 되지 않는 세상. 지옥이 따로 없을 것이다.

최 대리는 다시 카프카의 문제의식을 되씹어 보았다. '인간이 존재하는 이유는 무엇인가?' 카프카는 인간을 벌레로 변신시켰을 때 벌어지는 사건들을 상상했을 것이다. 사태가 이 정도라면 인간다움이 뭔지 심각하게 질문하게 되지 않을까.

겉모습이냐, 존재 목적이냐

우리가 '무엇이 되었다'라고 말할 때, 그 판단은 오로지 눈에 보이는 겉모습으로만 결정되는 것일까? 자전거를 개조해 자동차처럼 모양을 고쳤지만 자동차처럼 달릴 수 없다면, 그걸 자동차가 되었다고 볼 수 있을까? 책상을 의자로 고쳤지만 아무도 앉을 수 없다면, 의자가 되었다고 할 수 있을까? 자동차는 운전자가 원하는 장소로 신속하게 이동하기 위한 목적이 있다. 의자는 사람이 편히 앉기 위한 목적이 있다. 그렇다. 무엇이 되었다고 할 때 우리는 그것이 왜 존재하는지, 그 존재 목적을 따져 판단한다.

그렇다면 인간은 어떤 존재 목적을 갖는가? 벌레는 어떤 존재 목적을 갖는가? 소설 《변신》에서 이 질문은 중요하다. 만약 인간만의 독특한 존재 목적이 없다면, 겉모습이 벌레로 변신했어도 문제될 것이 없기 때문이다. 목적 없는 인간의 거죽이 역시 목적 없는 벌레의 거죽으로 바뀐 것에 불과하지 않은가. 이러한 결론은 가정부가 그레고르의 최후를 가리키는 단어와 밀접하게 연결된다.

> "그러니까 옆방의 저 물건을 어떻게 치워버릴지, 그 점에 대해서는 아무 염려 놓으시라 이겁니다. 사실 벌써 다 해결되었으니까요."

벌레로 죽은 그레고르는 물건이 되었다. 누군가에 의해 처리되어야만 하는 존재가 된 것이다. 혹시 그레고르는 인간의 모습으로 살 때도 누군가에 의해 처리되어야만 하는 존재였던 건 아닐까? 회사원 역시 끊임없이 누군가에게 지시받고 처리되어야 하는 존재 아니었나?

최 대리는 이 소설을 읽으면서 자신에게 물었다. '인간은 무엇인가? 인간다움은 몸의 형태로 결정되는가? 아니면 인간만의 고유한 존재 목적에 의해 결정되는가? 그러한 존재 목적이 없다면, 우리가 벌레와 다른 점은 정녕 무엇인가?' 출근길, 아무런 목적 없이 지각을 면하기 위해 달리고 지옥철에 몸이 끼어있던 최 대리는 이제 불안하고 불투명한 질문들 사이에 마음이 끼어있다. 설상가상으로 더 어려운 질문이 떠올랐다.

내가 벌레로 변한다면 아내는 어떻게 할까?

최 대리는 그레고르 가족들의 반응에 가장 크게 놀랐다. 사랑하는 아들이요, 생활비를 버는 실질적인 가장이요, 동생의 학비까지 마련하는 착한 오빠인 그레고르가 벌레로 변했다는 사실에 가족 모두는 어쩔 줄 몰랐다. 흔히 인간은 죽음 같은 감당할 수 없는 사건을 받아들이기까지 5단계의 변화를 거친다고 한다. 부정, 분노, 타협, 우울, 수용. 그레고르의 가족들도 크게 다를 바 없었다.

처음에는 그가 벌레로 변했다는 사실을 절대로 인정하지 않았다. 그러다가 그것이 현실로 점차 굳어지자 격한 분노와 비통에 빠진다. 하지만 곧 부모는 당장 생계가 걱정됐다. 하숙으로 먹고사는 집에 벌레가 된 아들을 그대로 둘 순 없는 노릇이다. 이미 묵고 있던 외국인 손님들의 환불 요구에 한바탕 소동이 벌어졌다. 그레고르의 동생은 동생대로 착하고 고맙기만 했던 오빠는 추억에만 머물길 바랐다. 자신은 아직 꽃다운 나이고, 하고 싶은 것도, 가고 싶은 곳도 많다. 그녀에게 벌레로 변한 오빠는 오빠가 아니라 그냥 벌레일 뿐이다. 벌레는 벌레처럼 다뤄져야 한다. 가족들은 이렇게 타협하면서 우울해졌고, 우울하지만 이 것을 받아들여야 한다는 의무감마저 생겼다.

결국 그레고르는 벌레의 모습으로 죽었다. 그레고르는 가정부의 말대로 '물건'이 되어 잘 처리되었다. 가족들은 잠시 우울했던 감정에서 벗어나 그레고르의 죽음을 받아들인다. 그리고 새로운 출발을 위해 여행을 떠난다.

그레고르를 보며 최 대리는 궁금했다. '내가 벌레로 변한다면 아내는 나를 어떻게 할까? 그 반대로 아내가 벌레로 변한다면, 나는? 나아가 사랑스러운 아들이 벌레로 변한다면 우리 부부는 과연 어떻게 행동할까?' 대답하기 쉽지 않았다. 고민해 보니 그레고르의 가족들이 한 행동이 그렇게 이상한 건 아니었다. 어쩌면 대부분의 사람들도 비슷할 것 같았다.

사람이 벌레로 변한다는 문학적 상상은 그야말로 상상일 뿐이다. 그러니까 너무 심각하게 생각할 필요가 없다. 하지만 최 대리는 자기 자신과 아내 그리고 가족의 의미에 대해 지금까지 해 보지 못한 질문을 했고, 답을 구하기 위해 골몰했다. 그 질문들은 안 그래도 엉성하기만 했던 자신의 자아관과 가치관에 구멍을 숭숭 냈다. 명확한 대답을 할 수 없게 되자 최 대리는 살짝 짜증이 났다.

한바탕 소란스럽던 오전이 지났다. 점심을 먹고 돌아오는 길에 올려다 본 하늘이 아름다웠다. 푸른 하늘을 바라보던 최 대리는 문득 깨달았다. 최 대리와 아내 그리고 아들은 아직 벌레로 변하지 않았다는 사실을. 최 대리 가족은 여전히 건강한 모습으로 서로를 사랑하고 있었다. 최 대리는 아내에게 전화했다. 기분은 좀 어떠냐며, 아침에는 미안했다며, 그리고 사랑한다며 쑥스럽지만 정확하게 말했다.

내가 누구인지라는 질문에 정답이 있을까? 사실 정답

이 있건 없건, 최 대리는 벌레로 변하기 전에 함께 사는 가족들을 조금 더 아끼고 사랑하고 싶어졌다. 《변신》을 읽으며 만들어진 불안한 질문들 속에서 최 대리는 신기하게도 삶의 방향감각을 회복하고 있었다.

사무실에
CCTV를 설치하겠단다

남자 1명과 여자 2명이 영영 나올 수 없는 방에 갇히게 되면, 어떤 일이 벌어질까요? 그러다 어느 날 갑자기 굳게 닫혔던 문이 스르르 열린다면, 또 어떤 일이 벌어질까요?

사르트르는 자신의 희곡 《닫힌 방》에 이런 상황을 설정하고, "지옥은 바로 타인들이야"라는 명대사를 남깁니다. 닫힌 방에 있던 세 사람은 평범한 사람들입니다. 그들이 처한 진짜 문제는 '닫힌 방'이 아니라, 어떤 상황에서건 '타인의 시선'을 신경 쓰는 평범함에 있습니다.

우리도 다르지 않습니다. 우리는 모두 타인의 시선에 갇혀 있습니다. 상사나 동료의 시선, 주변 사람들의 시선에 신경 쓰며 그들에게 인정받고 싶어 하지만, 그게 그렇게 어려울 수가 없죠. 왜일까요? 회사 상사와 동료들이, 주변 사람들이 깐깐해서일까요? 아니면 우리의 욕심이 많아서일까요?

혹시 우리 스스로 결정해야 하는 것을 타인의 시선에 맡겨버렸기 때문은 아닐까요?

"다 회사와 직원들을 위한 거라고!"

도난방지, 보안과 안전을 위해 CCTV를 수십 대 설치하면서 사장이 한 말이다. 사장의 자신감과 목소리가 커질수록 직원들의 의심과 실망감도 높아졌다. '누굴 바보로 아나?' 아니, 사장은 직원들을 바보로 알지 않는다. CCTV는 바보를 구경하기 위한 놀이기구가 아니다. 방금 큰 소리로 그 목적을 분명히 밝혔다. 도! 난! 방! 지! 사장은 직원들을 도둑으로 아는 것이다.

'직장갑질119'는 2020년 6월 말 접수된 이메일 제보 중 CCTV 감시, 부당지시와 관련된 제보가 181건(11.4%)이라고 밝혔다. 이 숫자는 신원 확인이 가능한 1,588건에서 뽑은 것이다. 억울한 일을 당하고도 불이익이 두려운 나머지 자기 이름을 밝히지 못하는 우리의 현실을 감안하면, 실제 CCTV를 통한 직원 감시는 더 심할 것으로 보인다.

요즘 CCTV는 값도 싸고 화질도 좋을 뿐만 아니라 관리자의 스마트폰과도 실시간 연동된다. 원하면 언제든지 편하게 직원들을 감시할 수 있는 세상이 온 것이다. 어느 날 사장은 몸이 아파 책상에 쓰러져 있던 직원을 보고, "저것 봐라! 처자고 있지 않냐! 내 그런 줄 진작 알고 있었지만 그동안 증거가 없어서 참았다"라며 시뻘건 얼굴로 삿대질을 해댔다. 현행 개인정보보호법에 의하면 CCTV를 통한 직원 감시는 불법이다. 범죄, 화재 예방 등을 목적으로 CCTV를 설치했더라도 이를 설치 목적과 달리 사용하면 3년 이하의 징역 등 처벌이 가능하다.

그리고 다른 목적으로 직장 내에 CCTV를 설치하려면 직원들의 동의가 필요하다. 이럴 때 늘 문제가 되는 것이 직원들의 '동의'를 적절한 방법으로 받았는가 하는 건데, 과연 어떤 직원이 싫다고 할 수 있을까? 그게 회사에서의 마지막 발언이 될지도 모르는데 말이다.

올 초 사장의 부인이 경영관리 본부장이 되었다. 취임할 때 카랑카랑한 목소리로 "근무 기강 확립!"을 외쳤다.

그녀의 주된 업무는 근태 관리였고, 관리 수단은 CCTV였다. 오늘 오후, 그녀가 카톡을 보냈다.

"김 과장, 당신은 도대체 화장실을 하루에 몇 번이나 가는 거야? 아예 책상을 화장실로 옮겨줄까?"

누군가 나를 지켜보고 있다는 건

　　김 과장은 얼마 전부터 시작된 프로젝트에 몰입 중이다. 야근은 물론, 주말까지 나와 일했지만 큰 불만은 없었다. 불만이 없었던 이유 중 하나는 일이 주는 즐거움 때문이었다. 신제품 생산과 판매를 위한 아이디어가 꼬리에 꼬리를 물고 이어졌고, 경쟁사의 대응과 그 대응에 대한 우리 회사의 반격까지 머리에 딱 그려졌다. 입사 후 이렇게 신나게 일했던 적이 있었나 싶을 정도였다. 마치 게임을 하는 것 같았다. 사람은 자기 일에 몰입하고 있을 때 놀라운 능력을 발휘할 뿐만 아니라, 행복감도 크게 느낀다고 주장했던 심리학자 칙센트미하이의 이론을 몸소 체험하고 있었다.

하지만 놀랍게도 경영관리 본부장의 카톡을 받은 후 김 과장은 더 이상 아무것도 하기 싫어졌다. 그 많던 아이디어들이 거짓말처럼 사라졌다. 뛰어난 성과와 행복감은 고사하고 자리에 오래 앉아있어야 한다는 의무감이 목과 허리를 짓눌렀다. 바른 자세로 앉아있었지만, 마음과 업무는 한없이 비뚤어지고 있었다. 일이 될 리 없었다. 스트레스만 심해졌다. 어쩌다 자리에서 벗어날 땐 자신도 모르게 CCTV 사각지대를 찾기 시작했다. 첩보영화의 주인공처럼 벽기둥에 숨기도 했다.

인간은 누구나 자기만의 공간이 필요하다. 다른 사람의 시선에서 벗어난 공간, 남에게 불릴 이름이 필요 없는 공간이 필요하다는 의미다. 나의 이름표를 떼어내고 사회적 가면을 벗고 나와 내가 순수하게 마주하는 텅 빈 공간, 그 공간이 인간이라면 누구나 추구하는 자유의 공간인 것이다. 내가 누구인지를 놓고 더 이상 다른 사람들과 거래하지 않아도 괜찮은 곳. 인간의 원초적 자유는 바로 여기서 시작된다.

"지옥은 바로 타인들이야!"

이 대사를 어디서 봤더라? 한동안 빠져있었던 웹툰에서 본 것 같기도 하고, 대학 시절 봤던 연극에서 들은 것 같기도 했다. 누군가 나를 계속 지켜보고 있다는 것은 내가 나 스스로를 천천히 챙겨가며 볼 수 없다는 뜻이기도 하다. 타인의 눈초리는 내면의 참모습이 아닌 겉모습에 집착하도록 만드는 힘이 있다. 자신의 참모습을 보지 못하는 사람은 맹인처럼 바깥세상을 더듬고 내가 누구인지 다른 사람에게 되묻고 확인받아야 하는 처지가 된다. 내가 나로서 튼튼히 서지 못하고 남에게 확인받아 서야 하는 곳, 그곳을 지칭하는 이름으로 지옥보다 적절한 것이 있을까. 날카롭고 깊은 철학적 성찰이 들어있는 대사라고 김 과장은 생각했다.

참고서류를 찾기 위해 책장을 뒤적이던 김 과장은 우연히 한 권의 책을 보게 되었다. 그리고 그 책을 한 장씩 넘기다가 저 명대사의 오리지널 출처를 알아차렸다. 바로 사르트르의 《닫힌 방》이었다.

《닫힌 방》에 갇힌 한 명의 남자, 두 명의 여자

　장소는 지옥. 지옥의 급사給仕가 손님들을 각자의 방으로 안내한다. '닫힌 방'으로 안내된 사람은 모두 세 명이다. 남자 한 명, 여자 두 명. 남자의 이름은 가르생이고, 여자들의 이름은 이네스와 에스텔이다. 이들이 어떤 사람들인지 알기 위해선 긴 시간이 필요하지 않다. 이들이 무엇을 욕망하는지만 살펴보면 된다. 그것도 지옥까지 와서 말이다.

　여자인 이네스는 여자를 사랑한다. 즉, 이성이 아닌 동성의 사랑을 욕망한다. 그래서 함께 갇혀 있는 에스텔의 마음을 얻기 위해 달콤한 말을 하지만, 결국 실패한다. 가르생과 에스텔이 가까워지자 두 사람을 오가면서 교묘하게 방해하기도 한다. 그녀는 이 세 명이 좁은 방에 갇혀 있는 건 모두 다 예정된 것이라고 생각한다. 지옥 관리인이 왜 이런 짓을 하는지에 대해서 나름 파악하고 있는 것이다.

　에스텔은 생전에 자신의 갓난 딸을 호수에 빠뜨려 죽였다. 이에 충격을 받은 남편은 자살하고 만다. 사실 그녀에겐 남편 말고 사랑하는 남자가 따로 있었다. 자신의 내연남이 다른 여자와 춤을 추며 다정하게 대화하는 모습을 보자 그녀는 불같이 질투한다. 질투는 지옥보다 뜨겁다. 에스텔은 지옥에서도 자신의 내연남이 남편의 자살 이야기와 자신이 딸을 죽인 사건 등을 상대 여자에게 모두 말했을 거라 짐작하며 절망한다. 에스텔은 가르생의 사랑을 통해 이러한 절망에서 위로받고자 한다. 그래서 가르생의 육체에 대단히 집착한다. 그녀는 타자의 육체적 욕망의 대상이 된 것을 통해 구원받고자 한다. 이네스가 끝까지 자신의 사랑을 훼방한다고 생각해 종이 칼로 그녀를 몇 차례 찌르기도 한다. 이에 이네스는 가소롭다는 듯 웃음을 터트리며 말한다.

"뭐 하니, 뭐 해. 너 미쳤어? 나 이미 죽은 거 잘 알잖아."

가르생은 전쟁을 반대하는 신문의 주관자였다. 그는 전쟁이 터진 후에도 반전운동을 계속하다가 총살당했다. 그러나 막상 총살 전 중요한 재판에서는 증언을 회피했다. 지옥에서 가르생은 자신이 비겁한 놈이 아니었다는 걸 인정받고 싶어 한다. 아무것도 후회하지 않는다고 계속 말하는 것으로 봐서, 증언을 피하고 도망친 것에 대한 후회가 매우 크다는 걸 알 수 있다.

가르생은 단 하나의 영혼이라도 자신이 용감하고 결백했다고 진심으로 믿어 준다면 자신은 구원받을 수 있다고 여긴다. 그에게 필요한 건 자신의 용기와 결백을 증언해 줄 사람이지, 비겁한 자신을 용서하거나 사랑해 주는 사람이 아니다. 그래서 에스텔에게 자신을 믿어달라고 애원하지만, 육체적 감각을 통해 자신의 존재가치를 확인하려는 에스텔은 끝내 거절한다. 죽어서까지 타인 앞에서 당당할 수 있는 윤리적 평가에 집착한 가르생. 그는 자신을 무조건 믿어 줄 누군가를 찾아야만 한다. 이 방에는 그런 사람이 없기에 마침내 방 안에서 가장 단단해 보이는 청동 동상을 들고 지옥의 닫힌 문을 부수려 한다. 이때 갑자기 문이 열린다. 그러나 정작 문이 열리자 가르생은 방을 나가지 못하고 이렇게 말한다.

"좋아, 계속하지."

우리는 누구나 다른 사람으로부터 인정받고 싶다

김 과장은 《닫힌 방》을 읽는 내내 참으로 답이 없다고 느꼈다. 다른 곳도 아닌 지옥에서조차 사랑, 성적 쾌락, 도덕적 명예 회복을 포기할 줄 모르는 인간들이라니. 그들이 욕망하는 사랑, 성적 일체감이 주는 쾌락, 도덕적 인정에는 공통점이 있다. 모두 혼자서는 해결할 수 없다는 것이다. 나 말고 남이 필요하다. 그런데 여기서 말하는 남은, 남이라고 써놓고 노예라고 읽어야 할 판이다. 나보다 나를 더 잘 알고, 나를 더 사랑하고, 나를 더 인정해 주는 그런 사람이 어디 있을까? 그런 노예는 지옥, 아니 천국에도 없다.

놀부 심보로 슬픈 사실을 하나 더 밝혀야겠다. 인간에게는 진실한 인정과 거짓된 인정을 기가 막히게 골라내는 재주가 있다. 자기 노예로부터 듣는 칭찬이 실상은 거짓말이라는 걸 본능적으로 알아채는 것이다. 노예는 주인의 손에 생사가 달린 존재다. 그런 노예가 나에게 쏟아붓는 사랑과 인정에 진심으로 감동하는 사람은 없다. 사랑과 인정이란 본래 독립된 인격체가 자유롭게 선택할 경우에만 진정한 가치가 있다는 사실을 우리는 너무나 잘 알고 있기 때문이다. 따라서 노예가 제아무리 목숨을 다해 사랑과 존경을 바쳐도, 그게 다 자기 목숨 부지해보겠다며 벌이는 쇼라는 사실을 정확하게 눈치챈다. 독립되고 훌륭한 인격체의 진심에서 흘러나온 사랑과 인정, 우리가 바라는 건 바로 이것이다. 그런데 한 가지 문제가 있다. 그렇게 잘나고 훌륭한 사람은 나에게 호락호락하지 않다는 것이다.

그렇다면 우리가 쉴 곳은 어디일까? 그곳은 역설적이지만, 아예 내가 존재하고 있다는 사실을 잊게 만들어주는 곳이다. 다시 말해 노예든 인격체든 그 누구든, 나를 바라보는 시선 자체가 없는 곳이다. 나의 부재를 허락하는 곳, 나의 가능성이 가능성으로 남아있는 미지의 땅, 그곳이 바로 천국이다.

이제 《닫힌 방》이 왜 지옥인지 드러난다. 다른 사람과 함께 갇혀 있는 좁은 방은 나의 부재가 불가능한 곳이다. 나는 늘 타인의 시선 안에 갇혀 있다. 나의 일거수일투족은 낱낱이 노출된다. 숨길 수도 없고, 변명의 여지도 없다. 이건 모두 눈을 감고 잊어버린다고 해결될 문제가 아니다. 이네스는 이 점을 분명하게 지적한다.

"잊어버린다라. 참 유치하네요. 난 당신을 내 뼛속까지 느끼는데. 당신의 침묵조차 내 귓속에서 울려 댄다고요. 당신은 입에 단단히 못질을 하고 당신의 혀를 잘라낼 수는 있겠죠. 하지만 당신이 존재하는 것, 그 자체까지 막을 수 있겠어요? 당신 생각을 멈출 수 있기라도 하겠어요? 난 당신의 생각이 들려요. 마치 자명종 시계처럼 똑딱거리고 있죠."

그렇다. 아무도 내가 존재하고 있다는 사실만큼은 멈출 수 없다. 다른 사람이란 내가 존재하고 있다는 걸 자신의 존재 전체로 알아채고 있는 사람이다. 그 사람이 있는 한 나의 모든 말과 행동은 현실이 되고 만다. 그 현실들은 내가 어떤 사람인지를 만드는 기초로 쓰인다. 그 기초 위에서 나는 잘려 나가고 편집된다.

망각은 생존에 필수적이다. 우리는 무언가를 잊어버려야 살 수 있다. 그래야 그 크기만큼 새로운 것들을 변화라는 이름으로 받아들일 수 있게 된다. 우리가 잊어버려야 할 것 중 가장 큰 것은 바로 나 자신에 대한 규정이다. 상품 아래 길게 달린 사용 후기처럼 남들이 나에 대해 쭉 적어놓은 평가들, 그 평가들에 시달리고 타협해 스스로 자기 자신에게 내린 규정들. 이것들이 평생 따라다닌다면, 우리는 내 안에 있는 가능성을 꺼내놓지 못하고 늘 우울과 불안에 시달리게 될 것이다.

내가 나를 보는 자아상은 흔히 그릇에 비유된다. 내 자아상이 된장 뚝배기 그릇이라고 해 보자. 여기에 어울리는 음식은 된장찌개나 청국장일 것이다. 자신을 뚝배기로 규정한 이상, 된장찌개나 청국장을 찾아 헤맬 가능성이 커진다. 그런데 문제는 세상이 늘 변한다는 점이다. 더 심각한 문제는 그 변화의 세상 속에는 나도 포함되어 있다는 사실이다. 매일 달라지는 세상 속에서 끊임없이 쌓였다가 흩어지며 세상과 같이 변화하는 것이 나라는 자아상이다.

살다 보면 어떤 날에는 와인을 담고 싶을 수도 있다. 누군가는 나에게서 훌륭한 파스타를 발견할 수도 있다. 그런데 와인과 파스타는 절대 뚝배기에 담을 순 없다니. 나는 된장 뚝배기요, 그렇게만 봐달라고 아무리 애원해도 세상은 그렇게 돌아가지 않는다. 와인과 파스타를 담아내야 할 때도 있는 것이다. 그럼 그땐 어떻게 해야 할까? 간단하다. 자신을 멋진 와인잔이나 파스타 그릇으로 생각하면 그만이다. 자신을 된장 뚝배기로 고정시키는 생각이 문제일 뿐이다. 스스로를 묶는 그 생각을 제외하면 나를 제한하고 구속하는 건 이 세상에 없다. 진정한 자유는 자기 생각의 유연성에 있다.

어떻게 보면 자아상은 센서 등sensor Lamp과도 비슷하다. 무엇인가가 옆에 있을 때 켜지는 센서 등은 주변 관계에 따라 조명의 색깔, 밝기, 크기, 방향이 달라지는 민감한 것이다. 센서 등에 변화가 있다면 센서 등 자체만이 아니라, 주변에 무엇이 있는지 천천히 그리고 꼼꼼하게 살펴봐야 한다. 나는 그 상황 속에서 만들어진다. 그 상황에서 벗어나면 또 다른 상황에 맞는 것으로 변하면 그뿐이다. 이러한 변화에 고통받는 이유는 자기 자신을 오직 뚝배기 한 가지로만 규정하는 습관 때문이다.

우리는 누구나 다른 사람으로부터 인정받고 싶어 한다. 그것은 잘못된 것이 아니다. 그것은 사회적 동물인 인간에게서 볼 수 있는 자연스러운 본성이다. 본성을 나쁘다고 평가해 버리면 세상 살기 어렵다. 문제는 다른 사람의 시선에 얽매이는 것이다. 간, 쓸개 다 내놓고 하염없이 남만 쳐다보는 것이 고통의 원인이다. 다른 사람의 꼭두각시처럼 움직인다면 마음의 고통에서 벗어나기 쉽지 않다.

김 과장은 이제 어떻게 해야 할까

"나를 잡아먹는 이 모든 시선들. 이런 게 바로 지옥인 거
군. 지옥은 타인들이야."

김 과장은 《닫힌 방》을 책상 위에 내려놓았다. 그는 여
전히 CCTV가 달린 사무실에 있다. 가르생의 대사를 자기
목소리로 조심스레 읽어 보았다. 자신이 경영관리 본부장
과 같은 방에 갇혀 있는 건 아닐까 생각하니 등골이 서늘
해졌다. '그럼 사무실은 지옥인가. 더 이상 나를 감시하지
말라 버럭 호통치고 사표를 던질까?' 아니다, 그건 허세일
뿐이다. 그래서 해결되는 게 뭔가? 속이 답답했다. 출구가
없어 보였다. 그야말로 닫힌 방이다.

그러다가 문득 이런 생각이 들었다. '가르생은 도대체
왜 방 밖으로 나가지 않은 걸까?' 그는 열린 문을 보고 한
참 생각했다. 어쩌면 이런 생각이지 않았을까.

'다른 방도 비슷한 구조일 것이다. 비슷한 인원이 있을
것이고, 모두 한심한 자들이겠지. 그렇다면 내가 들어갈
방에 과연 나를 인정해 줄 사람이 있으리란 보장이 있을

까? 없을 가능성이 크다. 하지만 난 이 방에 있는 여자 두 명을 어느 정도 알고 있다. 색만 밝히는 에스텔로부터 인정받는 데는 실패했지만, 아직 이네스가 남아 있지 않은가? 그녀는 나랑 비슷한 종자다. 그녀를 설득하는 쪽이 훨씬 가능성 있다. 여기서 다시 시작해 보자.'

김 과장은 가르생이 불쌍했다. 이네스 역시 가르생을 인정해 줄 리 없기 때문이다. 왜냐하면 그녀는 에스텔을 통해 구원받고 싶어 한다. 설사 가르생과 깊은 관계가 된다고 하더라도 그건 어디까지나 에스텔을 자극하기 위한 용도지, 가르생이 원하는 것처럼 그를 용감하고 결백한 사람으로 인정했다는 의미는 아니다. 가르생처럼 이네스도 자기가 정한 구원 방식 외엔 눈곱만치도 관심이 없다.

김 과장은 다시 생각했다. '나 역시 누군가의 CCTV가 아니었을까? 나 역시 회사로부터 인정받고 싶어 말과 행동을 꾸며 오지 않았는가. 가르생처럼 에스텔과 이네스 사이에서 양자택일의 스트레스를 받으면서 꾸역꾸역 살지 않았는가. 한쪽이 나에게 등을 돌리자, 이번엔 언제 그랬느냐 싶게 다른 쪽에 매달리면서 다시 시작해 보자고 화장을 고치진 않았던가. 이도 저도 안 먹히자 사표 꺼낼 생

각을 했지만, 가르생처럼 결국 다시 해보자며 눌러앉진 않았는가.'

　김 과장은 이렇게 결론 내렸다. '닫힌 방이란 나의 편견과 두려움을 의미한다. 나의 시선이 누군가의 감옥이 되지 않도록 편견 없이 동료들을 바라보자. 동료나 상사 모두 나의 인정 투쟁에 불려 나온 들러리가 아니라, 그들 각자 자기 삶의 주인공이라는 사실을 잊지 말자. 남이 나에게 행동하기 바라는 방식으로 나도 그들에게 행동하는 것이 옳다. 그게 공정하다.' 이제 김 과장은 왜 이러한 행동 원칙을 황금률이라고 하는지 알 것 같았다.

　김 과장은 자신에게로 시선을 돌렸다. 어쩌면 김 과장은 자신을 둘로 분리해 놓고 '감시자인 나'와 '감시당하는 나' 사이에서 역할극을 하고 있는지도 모른다. 물론 그건 김 과장 탓만은 아니다. 사회에서 늘 타자의 시선을 의식하며 살아온 사람이라면 누구나 그렇다. 김 과장은 휴지처럼 여기저기 버려진 자신을 이젠 온전한 한 몸으로 연결하고 싶었다. 그러기 위해 가장 좋은 방법은 '뭔가 재미있고 의미 있는 일'을 시작하는 거라는 생각이 들었다.

닫힌 줄 알았던 문은 실상 열려 있다. 저건 항상 닫혀 있다고 지레짐작하고 열 시도조차 하지 않은 건 나 자신이다. 김 과장은 이제 걸어 나가기로 했다. 우선 타자의 시선을 막을 수 있는 자신만의 공간이 어떤 의미인지 알았기에 김 과장만의 아지트를 만들기로 했다. 굳이 방이 2개 있는 큰 집으로 이사 가거나, 함께 잘 살던 룸메이트와 이별할 필요까진 없었다. 요즘은 단독주택을 예쁘게 꾸며 시간 단위로 공유하는 곳도 많다. 공유 서재, 공유 거실, 공유 부엌 등 말이다. 김 과장은 1주일에 하루 정도 이런 곳에서 혼자 책도 읽고 음악도 즐기면서, 자신만을 위한 음식도 해보기로 했다. 타인의 시선 그리고 과거 또는 미래의 자신의 시선에서 벗어나려는 것이다. 김 과장은 닫힌 방의 문을 열고 나왔다.

그리고 가장 중요한 일도 잊지 않았다. 전에 왔던 카톡에 답을 달았다.

"CCTV를 설치 목적 외 다른 용도로 사용하는 건 불법입니다. 직원들의 동의를 받으셨는지요?"

승진 누락 이후
우울이 밀려왔다

벌써 4번째 퇴학 확정. 지금 소설 《호밀밭의 파수꾼》의 주인공 홀든 콜필드의 퇴학 통지서가 부모님께 날아가고 있는 중입니다. 홀든의 잦은 퇴학은 '원인을 알 수 없는 우울'에 있습니다.

그리고 여기, 원인 모를 우울감에 시달리는 사람이 또 한 명 있습니다. 잘나가다가 낙하산으로 온 임원 때문에 승진에서 번번이 물을 먹고 있는 15년 차 회사원, 이 차장입니다.

사람들은 가끔 알 수 없는 우울감에 시달립니다. 그리고 대부분 '사람이 우울해질 때도 있는 거지', '먹고살려면 참아야지', '내가 유난인가?'하는 생각들로 이 우울한 순간을 넘기려고 합니다. 하지만 가볍게 넘긴 우울감은 사라지지 않고 당신 안에 차곡차곡 쌓여 언제든 당신을 무너트릴 기회를 엿보고 있습니다.

이 차장을 따라 우리도 고민해 봅시다. 당신의 우울감은 어디에서 온 것일까요? 눈앞의 현실에 굴복해 잃어버린 나만의 소중한 것들은 무엇이었을까요?

살인자들이 좋아한 책

　리 하비 오즈월드는 존 F. 케네디 대통령을 총으로 살해했다. 마크 채프먼은 비틀즈의 멤버였던 존 레논을 총으로 살해했다. 존 힝클리 주니어는 레이건 대통령을 총으로 쐈지만 죽이진 못했다. 마크 채프먼, 리 하비 오즈월드, 존 힝클리 주니어, 이들은 모두 《호밀밭의 파수꾼》을 즐겨 읽었던 것으로 알려져 있다. 특히 마크 채프먼은 존 레논을 쏜 후 체포될 때까지 살인 현장에서 《호밀밭의 파수꾼》을 읽었다고 전해진다. 심지어 기자들 앞에서 모든 사람들은 《호밀밭의 파수꾼》을 읽어야 한다고 목소리를 높였단다.

　이 차장도 이 책을 좋아한다. 성장소설이라 사춘기 청소년들에게나 어울릴법한 이 책을 그는 마흔 줄이 넘어 여러 번 읽었다. 그렇다고 해서 이 차장이 어떤 유명인을 총으로 죽일 계획을 가진 건 아니다. 물론 가끔 그런 생각이 불쑥 드는 것까지 부인할 순 없지만, 자기를 아무리 저주하는 회사 상사라도 진짜 죽일 생각은 없다. 인간은 늘 성장하는 중이며, 성장이라는 말은 인간을 인간답게 만든다고 이 차장은 믿는다. 그래서인지 자기 인생 최고의 성장 소설인 《호밀밭의 파수꾼》을 늦게나마 만나게 된 걸 다행으로 여긴다.

이 차장이 《호밀밭의 파수꾼》에 꽂힌 이유 중 하나는 원인을 알 수 없는 '우울감' 때문이다. 《호밀밭의 파수꾼》의 주인공인 홀든 콜필드도 툭하면 외롭고 우울한데, 이 차장은 여기에서 묘한 동질감을 느꼈다. 물론 홀든이 자신보다 우울의 경지가 한 차원 높다는 건 이 차장도 인정하는 바이다. 홀든은 아무렇지 않은 일에도 갑자기 우울감을 느낀다. 그는 수녀 두 사람이 아침 식사로 토스트와 커피를 먹는 걸 보자 우울해졌다. 그는 영화를 보고 싶어서 좀 더 빨리 가려고 걸음을 재촉하는 사람들을 보자 우울해졌다. 그는 "행운을 빌어요!" 같은 말을 들어도 우울해졌다.

이 차장은 올해 44살이다. 홀든보다 무려 27살 많지만, 이 차장도 요즘 툭하면 우울하다. 대신 책 속에 홀든이 돈이란 언제나 끝에 가서 사람을 우울하게 만들어 버린다며 "망할 놈의 돈 같으니라고" 외쳐서 이 차장의 속을 후련하게 해주기도 했다. 이 차장은 자신도 모르게 이 부분을 패러디해 버렸다.

"망할 놈의 성과평가 같으니라고!"

경쟁은 언제나 끝에 가서 사람을 실패자로 만든다. 이 차장이 우울한 이유 중 하나는 팀장 승진에서 계속 떨어진 게 컸다. 심지어 최근에는 후배가 먼저 팀장을 달았다. 회사 사정에 밝은 누군가에 의하면, 모 임원이 이 차장의 성과평가 점수를 3년 연속 최하 점수를 준 탓이라고 했다. 이 문제의 임원은 이 차장을 따로 불러 이런 말까지 했다.

"내가 있는 이상 당신은 팀장 승진할 생각을 아예 접는 게 좋을 거야."

나아가 그는 승진을 결정하는 최종 임원 회의에서 이 차장의 업무능력은 물론 인성까지 시비를 걸어 결정타를 날렸다. 이 차장은 15년의 회사 생활이 송두리째 무너지는 기분이었다. 억울하다, 허무하다며 마음에선 장송곡이 떠날 날이 없었다. 그러다가 결국 지독한 우울에 빠진 것이다. 《호밀밭의 파수꾼》을 좋아했던 세기의 살인자들처럼 얼마 전엔 자신도 그 임원을 총으로 쏘는 꿈까지 꿨다. 아무리 그래도 이건 너무 나간 꿈 아닌가. 그 임원이 별 이유 없이 내가 싫다는데 어쩌겠는가. 따지고 보면, 나를 미워하는 일이 죽임을 당할 짓도 아니지 않은가. 이 차장은 자신이 이렇게 슬슬 미쳐가고 있는 것 같아 불안했다. 고민 끝에 정신과 상담을 예약해 기다리는 중이다. 지금도 이 차장 머리에는 《호밀밭의 파수꾼》의 책 표지, 시대의 살인자들, 권총, 모 임원의 얼굴이 둥둥 떠다닌다. 고개를 흔들면서 애써 외면하려 해도 분노와 우울이 뒤범벅되어 마음을 더럽혔다. 고개를 흔든 탓에 떨어진 비듬이 더러운 마음을 더욱 더럽게 만들었다.

사이다 발언을 하는 우울한 소년

《호밀밭의 파수꾼》은 제롬 데이비드 샐린저가 쓴 자서전적 소설이다. 작가 역시 학교생활이 지독히 사나웠나

보다. 소설 속 주인공인 홀든의 4번째 퇴학이 확정되었으니 말이다. 교장이 쓴 퇴학 통보서가 지금 홀든의 부모에게 날아가고 있다. 그것도 한 해를 마무리하는 크리스마스를 코앞에 두고. 아들의 4번째 퇴학 소식에 부모님은 충격의 도가니에 빠질 것이다. 언제나처럼 홀든을 심하게 혼내겠지. 그의 아버지는 이제 곧 태어나실 아기 예수님께 양해를 구하고, 홀든을 거의 죽기 직전까지 매질할지도 모른다. 숨 막히는 집안 분위기를 생각하니 홀든은 집에 들어가기 전, 잠시라도 자유를 느끼고 싶었다. 이 소설은 홀든이 기숙사를 나와 집으로 가는 그 2박 3일 동안의 이야기이다.

이 차장은 홀든 앞에 펼쳐질 험난한 앞날을 잠시 잊고, 자신도 모르게 낄낄 웃었다. 홀든이 선생님들의 습성을 이야기하는 대목이었는데, 이 차장이 보기엔 홀든이 열거한 선생님들의 습성이 회사 임원들과 거의 똑같았기 때문이다. 예컨대 다음과 같은 것이다.

"선생님들은 늘 자신들의 말이 맞다고 생각한다."
"선생님들은 처음 말했을 때 인정했는데도 똑같은 말을 두 번씩 한다."

"선생님들은 언제나 다른 사람들의 말을 그렇게 자르기 마련이다."

회사 임원들만큼 자신의 말에 확신을 가진 부류도 드물다. 임원들은 스무 번씩 말할 때도 많다. 남의 말 자르고 자기 말 오래 하기는 임원들이 가장 애용하는 대화의 기술이다.

선생님들의 습성을 묘사한 것에서 이미 눈치챘겠지만, 홀든은 현실을 녹슬게 하는 가식과 위선을 시원하게 벗겨내는 재치와 유머를 가졌다. 소설 속에서 이렇게 날카로운 홀든의 사이다 발언을 발견하는 건 어렵지 않다. 몇 개만 더 뽑자면 이렇다. 훌륭한 젊은이들을 양성한다는 학교 광고를 보면서 그가 한 말이다.

"눈을 씻고 찾아봐도 훌륭한 젊은이라고는 본 적이 없다. 그래, 어쩌면 한두 명쯤은 있을지도 모른다. 그러나 그나마도 이 학교에 들어오기 전부터 그렇게 훌륭한 학생이었을 것이다."

홀든은 또 경제 양극화를 이렇게 표현했다.

"같은 방을 쓰는 친구보다 내 가방이 훨씬 고급일 경우에는 서로 사이좋게 지내기가 어려운 법이다."

이 차장은 이 부분에 격하게 동감했다. 그러니 같은 사무실에서 같은 일을 하면서 다른 월급을 받는 경우엔 얼마나 사이가 안 좋을까. 마음이 까만 납덩이로 변했다.

인생은 규칙을 지켜야 하는 운동 경기와 같다는 선생님의 말씀에 대해 홀든이 한 속말은 또 어떤가.

"시합 같은 소리 하네, 시합은 무슨. 만약 내가 잘난 놈들 사이에 끼어 있다면 그때는 시합이라고 말할 수 있을 것이다. 그건 나도 인정한다. 하지만 그렇지 못한 사람들 사이에 끼어야 한다면, 그러니까 잘난 놈이라고는 하나도 찾아볼 수 없는 사람들과 한 팀이 되어야 한다면 그때는 어떻게 시합이 되겠는가? 도저히 그런 시합은 있을 수 없다."

방금 잘 모르는 사람과 헤어진 홀든 가라사대,

"정말 미칠 노릇이다. 전혀 반갑지 않은 사람을 만나도

'만나서 반가웠습니다' 같은 인사말을 해야 한다는 건 말이다. 그렇지만 이 세상 속에서 살아가려면 그런 말들을 해야만 한다."

이렇게 재치 있고 현실감각 뛰어난 학생이 어쩌다 툭하면 우울해지게 된 걸까? 어떤 날은 우울이 지나쳐 죽고 싶기까지 하다고 말한다. 앞길이 구만리 같은 방년 17세 소년의 입에서 나와선 안 되는 처참한 말이다. 하긴 누가 알겠는가. 이 말이 정말 잘 살고 싶은 한 인간의 솔직한 고백일지.

홀든이 우울한 이유

그렇다면 홀든은 왜 자꾸 우울한 걸까? 이 차장은 이 책을 이미 다섯 번 읽었고 지금이 여섯 번째지만, 이 물음에 쉽게 대답할 수 없었다. 읽을 때마다 우리의 주인공이 왜 우울한지 딱 부러진 이유를 대기 어려웠다. 그렇지만 이번만은 홀든이 도대체 왜 우울한지 그 이유를 끈질기게 추적하겠노라고 단단히 마음먹었다. 이 차장은 홀든이 우울한 원인을 알게 되면 자신의 우울감 해소에도 도움이 되지 않을까 하는 막연한 기대까지 품고 있었다.

'홀든의 마음 저 밑에서 우울감을 만들고 있는 사건은 무엇일까?' 이 차장은 이런 질문을 품고 소설을 천천히 읽어 나갔다. 그리고 어느 순간, 그는 홀든의 마음 깊은 곳에 자리 잡은 상처와 만날 수 있었다. 그 상처는 바로 동생 앨리가 죽은 사건이다. 앨리는 1946년 7월 18일, 백혈병에 걸려 죽고 말았다. 홀든 말에 의하면, 앨리는 자기보다 2살 어렸지만, 50배 정도는 더 똑똑했다. 동생 앨리는 야구 글러브에 시를 써 놓았다가 시합 중 짬짬이 읽는 아이였다. 앨리를 칭찬하는 선생님들의 말씀은 그칠 날이 없었다. 게다가 천성도 매우 착하고 밝아 앨리를 아는 사람이라면 도저히 그 아이를 싫어할 수 없었다. 가족뿐만 아니라 이웃 사람들까지 행복하게 만드는, 삶을 진심으로 사랑하는 아이가 바로 앨리였다.

그런데 그렇게 천사 같던 동생이 그 이름도 흉악한 백혈병에 시달리다가 불과 11살의 나이로 세상을 떠난 것이다. 앨리가 죽던 날, 홀든은 자동차 유리창을 주먹으로 전부 깨부쉈다. 손은 그야말로 피범벅이 되었고, 다시 주먹을 꽉 쥐지 못할 정도로 뼈를 심하게 다쳤다. 부모가 홀든의 정신분석을 의뢰할 정도로 그날의 상황은 심각했고 우려스러웠다. 홀든은 동생의 죽음을 도저히 받아들일 수 없었다. 그의 슬픔은 분노와 억울함 사이에 뒤엉켜 있었다. 삶을 진심으로 사랑했던 동생이 극악무도한 백혈병으로 죽음을 맞이했단 사실을 자연스럽게 이해하고 받아들이기란 결코 쉽지 않은 일이다. 그것도 당시 13살이었던 어린아이에겐 말이다.

이 차장은 조심스레 홀든의 마음을 헤아려 보았다. 홀든이 보기에는 무엇인가 잘못되었어도 한참 잘못된 상황이 분명했다. 여기엔 하나님이든 부처님이든 누군가의 결정적인 실수가 개입되어 있는 게 확실했다. 그렇지 않다면 이런 어처구니없는 일이 어떻게 아무렇지도 않게 벌어질 수 있는가. 이런 것이 세상살이라면 앞으로 홀든은 어떻게 살아야 할까? 착하고 훌륭하게 살다가도 저렇게 허무하게 죽는다면 차라리 남이야 뭐라고 떠들든 자기 하고 싶은 대로 하다가 죽는 것이 맞지 않을까?

홀든은 머리 나쁘고 성격까지 삐뚤어진 자신이 그런 나쁜 병과 더 잘 어울린다고 생각했을지 모른다. 죽은 동생에 비해 살아남은 자신의 삶은 너무나 초라하고 어두웠다. 자신만이 아니다. 학교 친구들과 선생님들이 나누는 대화, 그들의 취미, 관심거리, 희망 사항들은 하나같이 쓰레기 같은 것들뿐이었다. 홀든 눈에 살아남은 자들의 삶은 죽은 동생의 삶과 비교해 볼 때 말 그대로 가짜에 불과했다. 가짜 삶, 거짓 인생. 세상은 온통 거짓말쟁이들의 소굴이었다. 그 속에서 홀든은 앨리와 같은 진짜 삶을 살길 원한다. 그러나 거짓 세상과 진실한 앨리는 공존할 수 없다. 만약 홀든이 진실된 삶을 계속 고집한다면 그 역시 같은 운명을 맞이하게 될지도 모른다. 보라! 여전히 세상 사람들은 실제라고 할 수 없는 것들을 실제라고 믿고 즐기고 있지 않은가. 그들에게 실제를 보여주면, 그들의 더러운 입은 그건 실제가 아니라고 자신 있게 떠벌린다. 그리고 홀든은 이런 현실에 "정말 환장하겠다"라며 울분을 토해 낸다. 하고 싶은 말을 속시원히 다 하는 것처럼 보이지만, 순수한 영혼은 아직도 어찌할 바 몰라 방황하고 있는 것이다.

이 차장은 이렇게 생각했다. '홀든의 우울은 진정성 없는 삶에 대한 구역질 같은 것이다.' 심지어 헛구역질을 하는 동안에도 홀든은 죽은 동생 생각으로 가득했다. 소설 말미 극도로 나쁜 상황에 몰린 순간, 그는 죽은 동생 앨리에게 이렇게 부탁한다.

> "앨리, 날 사라지게 하지 말아 줘. 앨리. 날 사라지게 만들
> 지 마. 앨리, 제발 부탁이야. 사라지고 싶지 않아."

홀든은 안간힘을 쓰며 자신의 실제를 지켜주기를 앨리
에게 부탁하고 있는 것이다. 홀든에게 앨리는 바로 그런
힘의 다른 이름이다. '앨리처럼 내 삶에도 항상 실제를 지
켜줄 순수함이 있을까?' 홀든은 그러한 질문을 품은 채
성큼 성장하고 있는 중이라고 이 차장은 읽어냈다.

홀든은 삶에 대한 순수한 환희 없이 어른이 되는 건 절
망적인 일이라고 말했다. 그런 어른은 '기쁘다, 구주 오셨
네'를 열정적으로 부르다가 공연이 끝나자마자 담배를 벅
벅 피우는 거짓 존재들이다. 차라리 긴 오케스트라 공연
내내 딱 한 번 북을 치더라도 자신만의 진지한 소리를 만
들어 내는 사람이 사라지지 않는 실제를 간직한 진짜 존
재라고 홀든은 믿는다. 홀든의 영혼은 세상에서 가장 순
수한 어린아이들을 바라보고 있다. 이제 그의 귀에 어떤
꼬마의 아주 작은 목소리가 들린다. 꼬마는 '호밀밭에 들
어오는 사람을 잡는다면'이라는 노래를 부르고 있었다. 그

노래는 일상의 모든 소음을 멈춰 세웠다. 아이들의 눈은 삶의 순수함을 담고 있다. 홀든은 아이들과 함께 있을 때 우울하지 않았다. 비로소 홀든의 영혼이 쉴 만한 물가를 찾은 것이다.

　가식적인 삶과 순수한 삶 사이에서의 비틀거림. 홀든의 우울은 그런 아찔하고 까마득한 갈림길 앞에 놓인 사람이 느낄 현기증 같은 게 아닐까. '지금은 까맣게 잊었지만 나 역시 해야만 하는 올바른 선택을 하지 못하고, 좋은 게 좋은 거고 세상은 다 그런 거라며, 다 그렇게 살고 있지 않냐며 가식적인 삶을 날름 받아먹지 않았나.' 이 차장은 학창 시절 학교에서, 군대에서, 지금 직장에서 겪었던 수많은 양심적 갈등 상황을 떠올려 보았다. 자신이 가야 할 길은 분명했지만, 마치 어떤 길을 가야 할지 전혀 모르는 사람인 척 발만 동동거렸던 자신의 모습이 떠올랐다. 그때 누군가 든든하게 잡아주었다면 얼마나 좋았을까. 잘못된 길을 골라 그대로 내달리다간 천 길 절벽 아래로 추락하게 된다며 누군가 자신을 덥석 들어 올려 옳은 길 위에 안전하게 옮겨주었다면, 지금 어떤 삶을 살고 있을까. 이런 이 차장의 후회와 바람을 들은 것인지 홀든은 무엇이 되고 싶냐는 질문에 이렇게 대답한다.

"내가 무엇을 하고 싶은지, 뭐가 되고 싶은지 알고 싶어?
나는 늘 넓은 호밀밭에서 꼬마들이 재미있게 놀고 있는
모습을 상상하고는 했어. 그곳엔 수천 명의 어린아이들
뿐이야. 그리고 주위에 어른이라고는 나밖에 없지.
난 아득한 절벽 옆에 홀로 서 있어. 내가 할 일은 단 하
나, 아이들이 절벽으로 떨어질 것 같으면 재빨리 붙잡아
주는 거야. 아이들은 언제나 앞뒤 생각 않고 마구 달리
는 법이니까. 그럴 때마다 내가 어디선가 나타나서 꼬마
가 떨어지지 않도록 잡아주는 거지. 난 온종일 그 일만
하는 거야.
한마디로 나는 호밀밭의 파수꾼이 되고 싶달까."

진실과 순수

　　파수꾼은 뭔가를 지키는 사람이다. 홀든이 지키고 싶
은 것은 꼬마로 상징되는 삶의 순수성 아닐까? 삶의 진정
성이 아득한 절벽으로 떨어지지 않도록 홀든은 허상과 실
제가 갈라지는 지점에 혼자 서 있었다.

　　참! 홀든에겐 동생의 죽음 말고 또 하나의 충격적인 사

건이 있었다. 제임스 캐슬이라는 친구의 죽음이다. 제임스
는 몸집도 작고, 연약했다. 손목이 연필 굵기 정도였다고
기억될 정도로 체격이 왜소한 아이였다. 하지만 제임스는
자신이 한 말을 가볍게 취소하는 아이가 아니었다. 어느
날, 치사한 놈들 여럿이 문을 걸어 잠근 채 제임스를 위협
하고 집단 폭행하는 사건이 벌어졌다. 그러나 제임스는 끝
까지 자신이 한 말을 취소하지 않았다. 결국 제임스는 자
신의 말을 취소하지 않은 채로 창문으로 뛰어내렸다.

제임스처럼 진실된 삶에 대한 감수성이 남달랐던 아이
들, 앨리처럼 순수한 아이들, 홀든은 이런 사람들을 지켜
주고 싶었던 건 아닐까?

시야를 가리는 키가 큰 호밀들 사이에서 길을 잃긴 쉬
운 일이다. 이런 호밀밭에서 천진난만하게 뛰노는 아이들
은 지금 자신들이 어디를 향해 달려가고 있는지 전혀 모
른다. 어느 순간 평화롭던 웃음소리는 온데간데없이 사라
지고, 잔인한 비명만 길게 메아리쳐 울리는 곳으로 추락
할 수도 있다. 홀든은 호밀밭에서 아이들이 어떻게 뛰어놀
던지 그것에 대해선 간섭하고 싶지 않다. 섣불리 누군가의
손을 잡아끌면서 인생은 이렇게 살아야 한다고 심각하게

가르칠 생각도 없다. 다만 호밀밭의 끝자락에서 아무 말 없이 서 있고 싶을 뿐이다. 그 누구라도 뜻하지 않게 삶에서 추락하지 않도록 파수꾼이 되고 싶을 뿐이다.

이제 이 차장은 자신이 왜 이토록 우울했는지 알 것 같았다. 삶에서 가장 중요한 무엇인가가 자신에게는 없다는 것을 깨달은 것이다. 그것은 진실한 삶에 대한 열정이었다. 순수한 자기 존재에 대한 소망이었다. 15년 차 직장인인 이 차장에게 그런 건 흔적조차 발견할 수 없었다. 회사라는 기계 속에서 닳고 닳은 이 차장에게 진실과 순수는 차마 부끄러워 아무에게도 말할 수 없는 단어가 된 지 오래였다. 이 차장은 저런 손발 오그라드는 말 따윈 자기 같은 사람에겐 처음부터 없었다고 믿고 싶은 지경이었다.

하지만 삶에서 진정으로 지키고 싶은 자신만의 진실과 순수. 이건 어쩌면 우리가 기계와는 다르다는 결정적인 증거일지도 모른다. 모든 것들이 변해도 결코 양보할 수 없는 인간의 의미, 인간을 인간답게 만드는 불변의 가치들. 이 차장은 그동안 그런 걸 묻지도 따지지도 않고 그저 승진이나 더 많은 연봉에 팔아왔다는 걸 깨달았다. 머리가 쭈뼛 섰다.

이 차장은 승진 못 했다고, 평가가 불공평하다고, 세상 참 더럽다고 절망할 것이 아니라 자신에게서 진실과 순수가 사라지고 있음에 절망해야 했다. 자신의 우울함이 달리 보이기 시작했다. 사실 자신은 승진을 했더라도 언제 또다시 우울감에 휩싸여 삶을 비관했을지 모른다. 그것은 진정 자신이 지키고 싶은 진실과 순수가 아니었기 때문이다. 승진은 수단이지 목적이 아니다. 퇴직 때까지 벌 수 있는 돈을 계산하다 부르르 떨었던 자신을 떠올리며 이 차장은 살짝 얼굴을 붉혔다.

같은 환경이지만 다르게 사는 사람들도 있었다. 이 차장은 속으로 삼켰던 생각들을 누군가는 용감하게 드러내기도 했다. 회사의 문제점을 날카롭게 지적하고, 자신의 진실한 삶을 지키기 위해 행동했다. 사람들은 그들을 매정하게 바라보며 예민하다거나 사회생활을 할 줄 모른다고 비아냥거렸다. 하지만 사실 알고 있다. 그들의 주장은 하나같이 옳았다. 그들 역시 수백 번 곱씹고 곱씹다 용기를 내 가까스로 문제를 제기했을 것이다. 그들은 적어도 이 차장 자신보단 삶의 진실과 순수에 가까웠다. 이 차장은 얼굴이 화끈거렸다. 세상 다 그런 거라며 타협의 단물을 빨다가 원할 때 승진 못 한다고 우울해하는 자신이 한심하게 느껴졌다. 딱 그 꼴에 맞는 현실을 맞이하고 있는 것 같았다.

　이 차장은 조용히 자신의 내면을 들여다봤다. 이 우울감은 인간답게 살지 못하는 자신에게 보내는 일종의 경고라는 생각이 들었다. 우울은 깜빡이는 노란색 신호등처럼 속도를 늦추고 주변을 잘 살피라고 말하고 있었다. 그럼에도 불구하고 자신은 가속 페달을 더 힘껏 밟아 버렸다. 누군가 이런 자신을 보고 '이 차장, 괜찮아. 지금도 참 잘하고 있어', '이 차장, 당신 참 괜찮은 사람이야', '이 차장, 그동안 많이 힘들었지?' 하고 말해주었다면 얼마나 좋았을까 싶었다. 별안간 이 차장의 눈에서 눈물이 왈칵 쏟아졌다.

　'언제까지 자기 자신에게 독설만 뿜어낼 것인가, 언제까지 내 삶에 무단 침입한 사람들을 원망만 할 것인가. 내 삶도 홀든의 소망처럼 누군가를 지키고 보호해 주는 삶으로 바뀔 수 있지 않을까?' 이 차장의 이런 바람은 아예 없어진 것이 아니라 다른 키 큰 욕망들에 가려 보이지 않았던 것일지도 모른다.

　'순수한 자기 존재에 대한 소망과 그렇게 살아가고자

하는 사람들을 돕는 사람. 언젠가 나도 그런 사람이 되고 싶은 열정이 있었는데….'

이 차장은 대학 시절 난민을 돕는 UN 단체에서 일한 적이 있었다. 거리에서 사람들에게 난민구호단체의 활동을 알리고, 정기후원금을 요청하는 일이었다. 수줍음 많던 이 차장은 난민촌 아이들을 위해 기꺼이 모든 걸 내려놓았다. 얇은 여름옷만 입고 잔인한 겨울과 싸우고 있는 아이들을 생각하면 부끄러움도 없어지고, 없던 용기까지 생겼다. 물론 대부분의 사람들은 따뜻한 패딩 주머니에서 손조차 빼지 않았다. 그래도 몇몇 분들의 관심과 후원으로 작지 않은 보람도 느꼈다. 난민촌 아이들의 머리와 손을 따뜻하게 해 줄 털모자와 털장갑을 보내는 날에는 감격에 겨워 눈물을 흘리기도 했다. 이 차장은 그때 자신이 호밀밭의 파수꾼이었을지도 모른다고 생각했다.

연못 오리들은 겨울에 어디로 갈까

마지막 문장까지 읽고 뒤표지를 완전히 덮기 직전, 이 차장은 도대체 센트럴 파크 남쪽 연못에 있는 오리는 겨울에 어떻게 될까 궁금해졌다. 한겨울, 연못이 꽁꽁 얼면 오리들도 꼼짝없이 죽는 걸까? 홀든도 이 오리들을 여러 번 걱정했다. 그에게는 그럴 만한 이유가 있었다.

홀든은 변하지 않고 고정된 것을 좋아한다. 어릴 적 견학 수업 때 수없이 방문했던 박물관에서 그가 가장 좋아했던 건 전혀 움직이지 않고 항상 제자리에 그대로 있는 것들이었다. 홀든은 10만 번을 보더라도 여전히 물고기 두 마리를 낚은 채 그대로 있는 에스키모와 언제나 똑같은 음악이 흘러나오는 회전목마에서 편안함을 느꼈다.

반면 그에겐 입었던 옷이 바뀌고, 홍역 탓에 짝꿍이 바뀐 것도 그냥 흘려보낼 수 없는 변화였다. 그러니 계절이 바뀌어 연못이 얼고, 그 위에 살던 오리들이 사라진 것은 그에게 얼마나 큰 변화였을까? 그는 아주 사소하더라도 변화하는 것에 민감했다. 바뀔 때마다 무언가 적절하게 해내야만 할 것 같은 기분에 휩싸이기 때문이다. 이런 여린 마음을 가진 소년 홀든은 겨울이라는 크나큰 변화를 약하디 약한 오리들이 어떻게 이겨내고 있을까 걱정하지 않을 수 없었다.

사실 이 차장은 안다. 오리는 추운 겨울이 되면 남쪽으로 날아간다. 이 차장이 보기에 오리들이 먹이를 찾아 따뜻한 남쪽으로 날아가는 건 자연의 섭리다. 그렇다. 존재하는 모든 것들은 변화를 마주해야 한다. 홀든도 이 사실을 모르지는 않았을 것이다. 그럼에도 불구하고 중요한 변화의 순간마다 홀든은 속수무책으로 자기 자신을 내동댕이쳐 왔다. 동생의 죽음, 친구의 자살. 그때마다 반복되었던 낙제와 퇴학. 그는 겨울철 오리들을 관찰하며 뭔가 배우고 싶었을 것이다.

이 차장은 갑자기 한기를 느꼈다. 동시에 가슴 한구석이 데워지는 것도 느꼈다. 모든 일에는 시작과 끝이 있다. 그리고 우리는 그 사이에서 다양한 변화를 마주하며 살아간다. 시작이 좋은 것도, 끝이 나쁜 것도 아니다. 변화도 나쁜 것이 아니다. 시작과 끝이 어우러져 전체를 이루고, 수많은 변화가 현재를 만든다. 해가 뜨기만 하고 지지 않는다면 지구는 타버릴 것이다. 사람이 태어나기만 하고 죽지 않으면 그런 비극은 또 없을 것이다. 한 줌 재에 불과한 인간이 세상 보고 자기에게 맞춰 돌아가라고 하면 할수록 지치고 우울할 것이다.

이 차장의 삶에도 시작과 끝이 있다. 그리고 수많은 변화들이 있다. 이 차장은 계속 늙을 것이고 죽음을 맞이할 것이다. 지금 다니는 회사도 언젠가는 그만둘 것이다. 하지만 앞으로 다가올 피할 수 없는 변화들을 하나하나 준비하다 보면 자연스럽게 인생도, 힘든 회사 생활도 즐길 수 있게 되지 않을까.

우선 이 차장은 자신의 진실과 순수를 되찾기로 했다. 그런 의미에서 자신이 가장 진실하고 순수했던 시절 했던 봉사활동을 다시 시작하기로 했다. 불우한 아이들을 경제적으로 돕거나, 작은 모임을 통해 정기적으로 공부를 가르치는 일 등이 떠올랐다. 아직 구체적으로 결정된 것은 없지만 가슴이 꽉 차올랐다. 함께할 사람들도 생각났다. 너무 오랜만에 하는 연락이라 잠깐 머뭇거렸지만 냉큼 연락하기로 마음먹었다. 이 일은 이 차장 안에 있던 진실과 순수를 되찾는 일의 첫걸음이 될 것이다. 이번 독서를 통해 이 차장은 자신이 한 뼘 더 성장했음을 느꼈다.

윌리엄 서머싯 몸

〈달과 6펜스〉

직장생활 이후
취미와 멀어지고
내 성격과 다르게 살게 되었다

회사에 다닐수록 무채색이 되어가는 느낌이 듭니다. 점점 많은 일들에 감흥이 없어지고, 일에 대한 열정도 사라져 가고, 감정을 표출하고 의견을 전달하는 것에도 에너지를 쓰기 싫어집니다. 더 심한 것은 점점 회사 밖에서도 무채색 인간이 되어가는 것입니다. 이제는 원래 이런 사람이었던 것 같다는 생각마저 듭니다. 내가 좋아하던 것들은 무엇이었을까요? 내 마음을 설레게 만들던 것들, 내 볼을 빨갛게 물들이던 것들, 내 눈을 빛나게 하던 것들은 어디로 갔을까요?

꿈을 위해 사는 '달나라 사람'과 현실을 위해 살아가는 '6펜스(돈)의 나라 사람'의 이야기가 담긴 《달과 6펜스》라는 소설이 있습니다. 이야기 속 달나라 사람들과 돈나라 사람들은 서로를 이해할 수 없습니다. 서로는 마치 함께할 수 없는 세계처럼 보입니다.

하지만 정말 꿈과 현실은 함께할 수 없는 걸까요? 현실을 살기 위해서는 꿈을 희생하고 버려야 하는 걸까요? 우리는 왜 스스로 우리가 사랑하던 것들을 포기했을까요?

얼굴에 선량하다고 쓰여 있다

　손 차장은 한없이 정직하고 평범한 사람이었다. 누가 있든 없든 그는 자리를 지켰다. 일도 무난하게 잘 해냈다. 상사의 지시에 충실했고, 젊은 동료들에겐 후했다. 잦은 인사이동으로 적응하기 쉽지 않았지만, 새로 맡은 일들도 원만하게 처리했다. 회식 메뉴를 고를 땐 늘 같은 걸 선택했다. 선택보다는 본능처럼 보였다. 어느 회사에나 손 차장 같은 사람이 한 명 정도는 꼭 있을 것 같았다.

　집에서는 좋은 남편이자 아빠였다. 저녁 식사 후 설거지는 손 차장 몫이었다. 주말엔 빨래와 청소도 소리 없이 했다. 아내 일을 돕는다는 티는 그의 얼굴에서 찾아볼 수 없었다. 아이들이 원하는 건 대부분 들어주었다. 그 덕에 아이들은 엄마보다 아빠를 더 좋아했다. 혼자 있는 시간에는 책을 읽었다. 그가 집에 있는지 없는지 알려면 서재만 확인하면 됐다. 강아지와 산책이라도 가게 되면, 가족 대화방에 산책 코스와 소요 시간을 남겼다. 무의미한 표정과 특징 없는 삶을 그는 구도자처럼 해내고 있었다. 그는 가족의 한 사람이라기보다 가족의 배경에 가까웠다.

그런 손 차장이 종이에 뭔가 열심히 적고 있다. 권태, 싫증, 따분, 지겹다, 지루하다, 단조롭다 등 비슷한 의미를 담은 단어들이었다. 그의 삶에 신선한 자극이란 없었다. 출퇴근은 눈을 감고도 할 수 있었다. 같은 시간대에 같은 위치에서 타는 지하철이라 오다가다 마주치는 승객조차 비슷비슷했다. 끔찍한 생각이 들었다.

찢어진 청바지, 까만 선글라스, 긴 파마머리, 귀걸이, 문신 스티커를 붙이고 대학 시절 하드 록 그룹에서 보컬을 맡았던 손 차장이다. 하지만 이제 그는 개성이라곤 눈곱만큼도 없는 증권맨 생활을 11년째 하고 있다. 그가 조용한 것엔 이유가 있다. 손 차장은 기질상 회사에서 숨을 제대로 쉬기 어려웠다. 회사 현관에 들어서자마자 청동으로 만든 창업주의 흉상과 만나게 된다. 손 차장은 그 흉상을 보며 자기 가슴이 청동처럼 차갑게 변하지 않게 해 달라고 매일 아침 주문을 외웠다. 긴 머리를 출렁이면서 3옥타브 솔까지 자연스럽게 소화했던 로커는 단정한 머리와 얌전한 음성으로 흉하게 변해 있었다. 적어도 손 차장이 보기엔 자기 모습이 그랬다.

이런 마음 자세로 사람들과 대화가 잘 될 리 없었다. 하고 싶지도 않았다. 필요한 말만 하고 입을 닫은 채 미소만 지었다. 그런데 사람들은 이런 자신을 예의 바르고 조용하다면서 좋아했다. 손 차장도 어쩌다 말이 통할 듯한 사람에겐 속내를 비추기도 했더랬다. 그러나 진심 어린 대화는 매번 동전처럼 땅에 떨어져 때굴때굴 굴렀다. 이런 일이 몇 차례 계속되자, 손 차장은 방어적 침묵을 하게 되었고, 이젠 체념적 침묵으로 굳어져 버렸다. 그저 생계형 임금노동자로서 적당하게 처신하면 그뿐이라고 자신을 다독였다. 그래서 "노래? 그까짓 것!" 하며 발로 뻥 차 버렸다. 하지만 그때마다 노래는 손 차장 바로 코앞에 떨어졌다.

이런 회사 생활을 언제까지 해야 할까? 마법 같은 일이 벌어지기 전에는 벗어날 희망이 없어 보였다. 가족들은 모두 손 차장 하나만 바라보고 있다. 연로하신 양가 부모님들은 하루가 멀다 하고 병원에 가신다. 아내는 세상 물정을 모른다. 아이들은 아직 어리다. 좀 과격하게 말해 직장은 숙주고, 가족은 기생충과 같은 상황이 좀체 역전될 것 같지 않았다. 지난 10년의 회사 생활이 그 증거다.

사람들은 자신이 어떤 상황에 갇혀 있고 그 상황을 바꿀 수 없다고 느낄 때 권태를 느낀다고 한다. 지금 손 차장이 딱 그랬다. 산소가 부족하면 졸리듯, 삶의 가치가 부족하면 권태로운 법이다.

이번 달 독서모임 주제도서로 뽑힌 책은 《달과 6펜스》였다. 손 차장은 늘 해왔던 것처럼 의례적으로 책을 샀다. 읽지도 않는데 책까지 없으면 자신의 무관심이 너무 탄로 나기 때문이다. 그런데 무슨 영문인지 모임 주최 측에서 이번 달 발표자로 손 차장을 선정했다. 물론 손 차장도 처음엔 손사래를 쳤다. 그런데 주최 측이 자신을 발표자로 선정한 이유가 엉뚱하면서도 그럴싸했다. 소설 주인공이 딱 하나의 인생 목표, 그러니까 그림을 그리기 위해 회사를 그만두고 가족까지 버리는데, 그런 주인공이 다니던 회사가 증권거래소이고, 그 결정을 한 나이는 마흔이란다. 그런데 마침 손 차장도 증권회사에 다니고, 나이가 마흔이었던 것이다.

아내는 평소보다 열심히 책을 읽는 손 차장이 신기해
무슨 내용이냐고 물었다. 손 차장은 별생각 없이 주최 측
이 전해 준 줄거리를 아내에게 말했다. 아내는 단번에 외
쳤다.

"개새끼네!"

꼭 그렇게 말할 건 아니고

손 차장은 자신도 모르게 《달과 6펜스》의 주인공인 스
트릭랜드 편을 들고 말았다. 아내도 질세라 소리를 높였다.

"그럼 당신은 자기 꿈 하나 이루겠다고 아내와 자식까지
내팽개친 게 잘했다는 거야?"

손 차장의 얼굴은 당황한 기색이 역력했지만, 목소리만
은 차분했다.

"그런 엄청난 결정을 하려면, 제정신은 아니었을 것 같아. 아마 자신도 어쩔 수 없었던 엄청난 힘이 작용한 게 아닐까? 책에 이런 내용이 있어. 내가 읽어볼게. '정말이지 그는 악마에게라도 사로잡혀 있는 것 같았다. 악마가 느닷없이 달려들어 그를 갈가리 찢어놓을 것만 같았다.' 악마라고 표현할 수밖에 없을 정도로 뭔가가 있었나 봐."

악마라는 단어에 아내는 묘한 안도감을 느꼈다. 개새끼나 악마나 나쁘다는 점에선 같았기에 받아들이기 쉬웠던 모양이다.

그런 아내를 보며 손 차장은 아무렇게나 처박아 놓은 전자 기타를 좀 더 안전하게 두지 못한 것이 못내 불안했다. 기타를 보면 자신 역시 본능적으로 흥분했기 때문이다. 기타는 아무것도 생각나지 않도록 만드는 마력이 있었다. 그 마력은 피를 데우고 정열적으로 살고 싶은 욕망을 꿈틀거리게 했다. 지금까지 그런 모습을 아내에게 들키지 않은 것은 천만다행이었다.

이 책은 치명적으로 위험한 책이다. 손 차장은 직감적으로 깨달았다. 그리고 치명적인 위험만큼 사람을 흥분시키는 것은 없다는 사실도 동시에 깨달았다. 성경에 등장하는 하와가 선악과를 왜 따 먹었겠는가. 그것은 있어 보임직도 하고 먹음직도 했을 뿐 아니라, 치명적으로 위험했기 때문이다. 손 차장은 밤이 하얗게 밝아오는 줄도 모르고 책을 읽어 나갔다.

달나라와 돈나라

책에는 두 개의 나라가 있다. 소설 이름 그대로, 하나는 달나라이고, 다른 하나는 6펜스의 나라, 즉 돈나라였다. 달나라는 예를 들면 이런 나라다.

> "나는 꼭 그림을 그려야 한다고 말하지 않았소. 무언가 그리지 않고서는 못 배기겠단 말이오. 물에 빠진 사람에게 '헤엄을 잘 치고 못 치고'가 문제겠소? 우선 그 물에서 헤어 나오는 게 중요하지. 그렇지 않으면 빠져 죽고 만다오."

잘하고 못하고는 전혀 문제가 되지 않는다. 그림을 그리는 것은 자기 존재의 명령이다. 그 말은 손 차장이 그동안 증권회사에서 일했던 삶은 존재의 명령을 위반한 삶이었다는 의미이기도 하다. 더 나아가, 이제 존재의 명령에 따르지 않는다면 죽을 것이 분명했다. 존재의 명령을 거역한 죄인으로 사는 것은 달나라 사람들에겐 죽음과 같은 것이니 말이다.

소설에 등장하는 스트릭랜드는 자기 그림에 대해 누가 뭐라 하든 전혀 신경 쓰지 않았다. 자신의 주변에 대해 그처럼 철저하게 무관심한 사람이 있을 수 있을까 싶을 정도로 그는 그림에 미쳐 있었다. 그는 자신이 찾는 미지의 그것에 좀 더 가까이 가기 위해 망설임 없이 대상을 단순화하고 뒤틀었다. 사실이란 그에게 중요하지 않았다. 자기와는 관계없는 무수한 사실들 사이에서 그는 자신에게 의미 있는 것만을 찾고 그렸다.

'이렇게 사는 건 너무 이기적이지 않은가.' 손 차장은 생각했다. 자신에게 의미 있는 것만 찾아 사는 사람이 세상에 어디 있는가? 이기적으로 사는 건 나쁜 짓이며 언젠가 그 대가를 톡톡히 치르게 된다고 초등학교 때부터 배웠다. 인간의 양심은 이기적인 인간을 허락하지 않는다. 손 차장의 생각이 이쯤 이르렀을 때, 놀랍게도 그의 눈은 양심에 대한 전혀 다른 의미를 읽을 준비를 하고 있었다. 작

중 화자인 젊은 작가는 이렇게 말했다.

"나는 '양심'이라는 것은 인간 공동체가 자신을 지키기 위해 발전시켜 온 규칙들을, 개개인이 지키도록 만드는 마음속의 파수꾼이라고 생각한다. 양심은 우리가 공동체의 규칙을 깨뜨리지 않도록 감시하는 우리 모두의 마음속에 있는 경찰관이고, 자아의 성채 한가운데 숨어 있는 스파이다."

양심을 스파이라고 한 것이 마음에 좀 걸렸지만, 여기까진 큰 무리 없이 이해되었다. '양심이 공동체를 위한 파수꾼, 경찰관, 스파이라고 생각할 수도 있지.' 그런데 좀 이상했다. 그렇다면 우리는 왜 이런 스파이를 자발적으로 받아들인 걸까? 소설 속 젊은 작가는 말을 이어갔다.

"타인의 칭찬을 바라는 마음이 너무 간절하고, 타인의 비난은 두려워하는 마음이 너무 강하여 우리는 우리 손으로 적을 문 안에 들여놓은 것이다."

맙소사! 인간은 결국 타인으로부터 자유로울 수 없는 걸까? 자기만의 개성과 삶의 의미를 찾아 헤매지만, 그것마저도 다른 사람의 칭찬이 없다면 아무런 의미도 아니게 되는 걸까? 남의 칭찬은 꿀처럼 달고, 남의 비난은 독약처럼 써서 양심이라는 정수기가 필요했던 것일까? 달면 삼키고 쓰면 뱉기 위한 필터로서의 양심. 그래서 양심은 나만의 존재 의미를 찾는 달나라 사람들에겐 스파이일 수밖에 없는가 보다.

양심은 사회의 이익을 개인의 이익보다 앞에 두라고 강요한다. 그것이야말로 개인을 전체 집단에 묶어두는 단단한 사슬이 된다. 그리하여 인간은 스스로 제 이익보다 더 중요하다고 받아들인 집단의 이익을 따르며, 주인에게 매인 노예가 되는 것이다.

개새끼라는 비하적 평가와 소설에서 말한 악마의 힘이란 결국, 양심이 제 기능을 발휘하지 못한 것을 염두에 둔 것이다. 양심에 따라 살지 못한 인간은 인간도 아니오, 그렇게 만드는 건 악마 정도는 되어야 가능하단 의미다. 그렇다면 양심에 따라 사는 인간은 행복해야 하지 않을까?

하지만 젊은 작가는 이러한 양심이 종국엔 사회에서 요구하는 역할을 주인으로 섬기고, 자기 스스로를 노예로 만든다고 말한다. 그렇다면 당연하게 이런 질문이 생긴다. 나는 내면에서 속삭이는 진정한 나의 목소리를 따라야 할까, 아니면 스파이인 양심의 목소리를 따라야 할까? 양심을 지켜야 한다고 배워 온 우리는 여태 이런 질문을 생각할 수 없었다.

> "왕이 매를 들어 어깨를 내리칠 때마다 아양을 떠는 신하처럼 자신의 예민한 양심을 자랑스럽게 여긴다. 그리고 양심의 지배를 거부하는 사람에게는 온갖 독설을 퍼붓는다. 사회의 일원이 된 사람은 그런 사람 앞에서 무력할 수밖에 없단 걸 너무 잘 알고 있기 때문이다."

세상에! 양심의 지배를 받는 사람은 자기 내면의 목소리에 따르는 사람 앞에선 무력하고, 이를 잘 알기에 적반하장으로 온갖 독설을 퍼붓는다는 것이다. 손 차장은 학교에서 배웠던 국민윤리라는 교과목이 생각나자 소스라치게 놀랐다. 그냥 평범한 윤리가 아니라, 무려 국민윤리였다! 국민윤리 안에는 한 인간으로서의 고유한 '나'다움이란 금지된 것과 다름없었다. 선진조국 창조를 위한 밑거름에 개성이니 창조성이니 예술적 정열이니 하는 것은 사치에 불과했다. '윤리라는 것을 이렇게 생각할 수도 있구나.' 손 차장은 한 대 얻어맞은 듯 어안이 벙벙했다.

손 차장은 국가가 거대한 기계처럼 느껴졌다. 윙윙거리는 굉음이 사방에서 들려왔다. 갑자기 현역으로 입대해 병장 만기 제대한 것이 수치스럽다는 생각이 들었다. 왜 힘 있고 돈 있는 집안에 병역 면제자가 많은지 이제야 알 것도 같았다. 손 차장은 자신이 너무 왜소하게 느껴졌다.

또 다른 예술의 세계

스트릭랜드는 달나라의 기운을 받고 나서야 돈나라의 실체를 깨달았다. 그리고 그는 달나라에서 살 수밖에 없는 어떤 힘에 묶여 있다. 나아가 달나라에서 온전히 자신의 삶을 성취하고자 한다. 그러한 삶이 바로 자신의 존재 의미라고 믿어 의심치 않으며. 그래서 그는 그때까지 자신을 얽매어왔던 굴레를 과감히 깨뜨려 버렸다. 그가 돈나라 사람들이 하는 칭찬이나 인정 따위에는 신경조차 쓰지 않았던 것은 그런 이유에서였다. 하지만 젊은 작가가 보기에, 독설을 날리는 비평가들이 들끓는 그림 시장에서 스트릭랜드가 살아남을 가능성은 없어 보였다.

젊은 작가: 다른 사람의 생각을 듣고 싶은 줄 알았는데요.

스트릭랜드: 당신은 그렇소?

그가 이 두 마디에 담았던 측량할 수 없는 경멸감을 나는 지금도 모두 다 표현할 수 없다.

측량할 수 없는 경멸감! 달나라 사람들은 돈나라 사람들을 경멸한다. 그리고 돈나라 사람들은 그러한 경멸에 대해 딱히 대꾸할 말도 없다. 손 차장은 그 이유가 궁금했다. 돈나라 사람들도 할 말이 있지 않은가. 양심에 따라 묵묵히 자신의 의무를 다한 사람들이 왜 경멸의 대상이란 말인가. 우리 모두는 단지 태어났을 뿐이다. 좀 더 정확하게 말하자면, 우리는 태어남을 당했을 뿐이다. 마치 교통사고처럼. 덧붙여, 태어나 보니 대한민국이었다. 그래서 대한민국 사람이라면 누구나 배워야 할 걸 배웠다. 한국말, 한글, 부모님께 효도, 어른들께 공손, 나라에 충성, 우리의 소원은 통일, 선진조국 창조 그리고 정의 사회 구현 등등.

옛날부터 정해져 있던 길에 대해 배웠고, 그렇게 따라 살았다. 하느님이 보우하사 무사히 제대했다. 조상님 음덕으로 우수한 성적으로 졸업했고, 취업도 했다. 우주가 도와 결혼했고, 운명의 신에 의해 아이들을 낳았다. 그 아이는 다시 나와 같은 대사를 읊조리게 될 것이다. 나는 태어남을 당했을 뿐이다.

사회계약설에 따르면, 우리와 국가는 줄 건 주고 받을 건 받기로 계약했다. 그래서 국가에 주어야 하는 것, 사회가 요구하는 것, 가정이 바라는 것을 해 왔다. 왜 그것이 경멸을 받아야 하는지 손 차장은 불만스러웠다. 이제 생각하니, 자신은 받을 걸 못 받은 거 아닌가 하는 생각마저 들었다. 그런데 이상한 일이 벌어졌다. 자신 역시 젊은 작가가 그랬던 것처럼, 스트릭랜드에게 대들 만한 힘이 나지 않는 것이다.

내게도 꿈이 있어요

손 차장은 그 이유를 《달과 6펜스》의 '브뤼노 선장'에서 찾았다. 그의 말이 운석처럼 날아와 마음에 큰 충격을 주었다.

"나도 꿈을 가진다는 게 뭔지를 아는 사람이니까요. 나에게도 꿈이 있습니다. 나도 일종의 예술가죠."

브뤼노 선장은 스트릭랜드에게 한없는 동정을 느꼈던 사람이다. 그는 훌륭한 선장이면서 동시에 훌륭한 가장이다. 그는 스트릭랜드처럼 가족을 버리지 않았다. 브뤼노 선장은 가족과 함께 꿈을 꿨다. 사실 그는 크게 실패한 경험이 있다. 그렇지만 절망하지 않았다. 대신 가족과 함께 아무도 살지 않는 작은 섬을 하나 얻었다. 무인도가 다 그렇듯 쓸모 있는 땅은 없었다. 밤낮없이 땅을 개간했다. 집도 손수 지었다. 집을 지은 손은 가족 모두의 손이었다. 그렇게 가꾼 섬은 단순한 섬이 아니었다. 예술 작품이었다.

"내게도 그 친구를 움직이게 만들었던 그런 욕망이 있다는 걸 깨달았거든요. 그 친구는 그걸 그림으로 표현했다면, 나는 내 인생으로 표현했을 뿐이죠."

자기 삶을 예술 작품으로 만들고자 하는 욕망! 예술은 아름다움을 추구하는 활동이니까, 이것은 결국 내 삶을 아름답게 만들고 싶은 간절한 바람이라고 할 수 있다. 지금껏 손 차장에겐 한 번도 없었던 바람이다. 손 차장이 꾼 꿈들은 지갑과 통장을 벗어나지 못했었다. 그런데 브뤼노 선장은 자기 삶 전체를 아름다움의 대상으로 삼고 있다. 그는 지금 자신만의 언어로 또박또박 달나라에 응답하고 있는 것이다. 손 차장은 브뤼노 선장의 말에서 어떤 가치를 느꼈다.

당시 스트릭랜드는 자신만의 화풍을 거의 완성했다. 브뤼노는 그의 그림에서 알 수 없는 원시적 아름다움과 저항할 수 없는 힘을 느꼈다. 그럼에도 불구하고 브뤼노 선장은 스트릭랜드에게 기죽지 않았다. 자기 자신에게도 아름다움을 추구하고자 하는 욕망이 있다는 사실을 깨달았기 때문이다.

이러한 내면의 힘을 느낀 사람이 바로 달나라 사람이다. 이런 사람은 누가 뭘 하든 상관하지 않는다. 우주에 단 하나뿐인 자기 삶을 아름답게 꾸민다. 스트릭랜드는 아름다움을 혼자서 그림으로 그렸고, 브뤼노 선장은 아름다움을 가족과 함께 인생에 그렸다.

"난 아무것도 없던 것에서 무엇인가를 만들어냈어요. 어떻게 보일지는 모르겠지만, 나도 아름다움을 만들어 낸 셈이죠. 정말이지, 선생은 모를 겁니다."

달나라와 돈나라는 둘이 아니다

손 차장은 브뤼노의 삶에 깊은 공감과 존경을 느꼈다. 손 차장이 보기에 브뤼노의 삶에는 달나라와 돈나라가 둘로 갈라져 있지 않았다. 두 나라는 인생의 아름다움을 추구하는 사람의 마음속에서 화해되고 조화되었다. 그래서 더욱 큰 공감을 불러일으켰다. 인생의 아름다움은 가족과 자신의 꿈 중 하나를 선택하라고 강요하지 않는다. 지금까지 자신이 살아온 삶은 가족 그리고 이웃들과 함께 만든 아름다움을 간직하고 있다. 스트릭랜드의 그림이 고독한 단독자의 작품이라면, 브뤼노의 섬은 화목한 협력자의 작품인 것이다.

인간은 누구나 자기 자신에게 어느 정도 부채 의식을 갖는다. 나에게 뭔가 빚지고 있다는 기분은 왜 드는 걸까? 손 차장은 여기에 생각을 집중했다. 손 차장이 태어나 지금껏 배우고 익힌 것은 우리 사회와 국가 그리고 인류가 만들어 온 보편적인 것이 대부분이다. 설령 개별적인 품성과 독창성을 말하더라도 이러한 보편적인 것을 벗어나지 않는 범위에서만 가능했다. 따라서 나만의 고유성과 세계의 보편성은 서로 영향을 주고받으면서 하나로 통일되기 마련이다. 가족, 사회, 국가와 전혀 상관없는 개성을 갖고 살아가는 외딴섬과 같은 사람이 과연 존재할 수 있을까? 만에 하나 이런 사람이 있다 하더라도, 그를 보고 '가치 있는 인간'이라고 말할 수 있을까?

한일전 축구를 생각해 보자. 손 차장 자신은 너무나 자연스럽게 목이 터져라 한국을 응원한다. 경기에서 지기라도 하면 마치 자신이 패한 것처럼 분하고 억울하다. 물론 감정의 정도야 사람마다 다르겠지만, 손 차장은 이런 기분이 드는 자신이 나답다고 느낀다. 어떤 사람이 자기답다고 느끼는 것에는 한 국가의 국민으로서 느끼는 자연스러운 감정도 포함되는 것이다. 한일전에서 일본을 소리 높여 응원하는 자신을 손 차장은 나답다고 인정할 수 없었다.

한편 우리에게는 나를 제외한 그 어떤 불순물도 '나답다는 것'에 섞이면 안 된다는 선입견이 있다. 그래서 공동체가 원하는 무언가를 내가 자발적으로 하거나, 공동체의 다른 구성원들과 공통적으로 느끼는 것에 대해서는 나답지 못하다고 섣불리 판단한다. 모종의 이물질이 끼어있다며 불편해 하는 것이다. 이러한 이물감은 공동체나 이웃과 함께 무언가를 하기보다는, 뛰어난 한 명의 개인으로서 독자적으로 판단하고 행동하는 것을 추구하도록 가르친 근대 교육에도 어느 정도 책임이 있다. 항상 각자 한 개인이요, 경쟁자로서 교육받고 평가받아 온 것이다. 그래서 나만의 진짜 고유한 무엇이 있다고 생각해왔는지도 모른다. 나에게 뭔가 빚지고 있다는 기분은 이러한 편견 때문에 생긴 것은 아닐까.

나라는 존재는 내가 아닌 다른 것들과 완전히 분리된 채 존재할 수 없다. 나답다는 것에는 이미 우리답다는 것도 투영되어 있는 것이다. 사람은 때와 장소 그리고 주변 환경과 만나는 사람들이 달라질 때마다 늘 새롭게 조율되기 마련이다. 마치 악기처럼 말이다. 나만의 고유한 소리도 좋지만, 가족과 이웃 그리고 우주와 함께 만들어내는 화음에 귀 기울이는 것도 잊지 않아야 한다. 그것이야말로 삶의 순간마다 다시 창조되는 나에게 빚지지 않는 비결이다. 오롯이 나로 살면서, 늘 나를 넘어서야 하는 것이다. In yourself & Beyond yourself!

손 차장은 이런 생각들을 담은 발제문을 독서 모임 주최 측에 보냈다. 이메일을 발송한 후에는 자신도 모르게 전자 기타로 눈길이 옮겨 갔다. 전자 기타는 독주할 때도 매력 있지만, 드럼과 피아노 그리고 다른 전자 기타와 협주할 때 역시 자기만의 매력을 발산한다. 손 차장은 자기 자신이 전자 기타와 닮았다고 생각했다. 그는 오래간만에 옛 그룹사운드 멤버들의 연락처를 휴대폰에서 검색하기 시작했다.

해외 파견이
이토록 괴로울 줄 몰랐다

해외에서 일을 할 때 어려운 것은 회사와 집의 경계가 모호하다는 것입니다. 가족과 함께한다면 조금 나을 수도 있겠지만, 홀로라면 문제는 더 심각해지죠. 퇴근 후나 휴일에 만나는 사람들도 거의 회사와 관련된 사람들이 되기 마련이고, 개인적인 일과 업무를 뚝 잘라 나누기도 애매합니다. 사적 영역과 공적 영역을 구분하기 정말 힘든 환경인 것이죠.

《인간의 조건》에서 한나 아렌트는 말합니다. 과거에는 '먹고사는 일'을 사적인 일로, '인간을 더 자유롭게 만드는 일'을 공적인 일로 구분했다고 말이죠. 그럼 이 기준으로 볼 때 '회사'는 어떤 곳일까요?

먹고살기 위해 일하는 곳이니 지극히 사적인 곳인 것 같기도 하고, 많은 사람들이 모여 일하며 저마다의 자유를 꿈꾸는 곳이니 공적인 곳인 것도 같습니다. 맞습니다. 회사는 사적인 공간이기도 하고 공적인 공간이기도 합니다. 해외에서 근무하는 경우는 이를 더 확실하게 느끼게 되는 것이죠.

문제는 회사가 오직 이익 추구에만 매달린 나머지 구성원들의 자유와 권리를 하찮은 것으로 볼 때 생깁니다. 사적인 일과 공적인 일이 공존하는 곳에서, 하물며 이 경계가 더욱 모호한 타지에서 이런 일이 벌어질 경우, 우리는 어떻게 해야 할까요?

해외 주재원 이 팀장의 한숨

　점심 식사 후 나른한 오후, 전화가 짜증스럽게 울렸다. 인사 본부장이었다. 잠깐 자기 방으로 오란다. 불려간 방에서 인사 본부장은 딱 3년이라고 했다. 3년은 베트남에 새로 생기는 스마트 팩토리Smart Factory 건설과 시범 운행에 필요한 기간이었다. 회사가 제시한 해외 주재원의 연봉은 지금 받는 금액의 두 배가 넘었다. 귀국하면 회사에서 승승장구할 수 있다는 달콤한 유혹도 한몫했지만, 무엇보다 아이들을 외국인 학교에서 가르칠 수 있다는 말에 마음이 급하게 기울어졌다. 많은 돈과 밝은 미래 그리고 아이들 영어교육까지 한 방에 해결할 수 있다는 계산이 섬광처럼 짧게 빛났다.

　그런데 이상한 소문이 돌았다. 이번 베트남 프로젝트가

잘되면 동남아시아 여러 나라에 같은 공장을 세울 계획인데, 아무래도 1기 베트남 멤버들이 경험이 있으니 계속 선발대 역할을 할 가능성이 높다는 내용이었다. 잘하면 동남아시아에서 정년퇴직할 수 있겠다는 농담이 이 팀장에겐 농담처럼 들리지 않았다. 아이들은 때가 되면 대학입시 때문에 아내와 함께 귀국해야 하고, 결국 자신만 혼자 남아 타국살이를 오랫동안 해야 한다는 말이었기 때문이다. 나이 든 중년 남자가 혼자 외국에서 사는 것은 말처럼 쉽지 않고, 실제 이혼한 경우도 적지 않다는 걸 그는 알고 있었다.

아내는 반대했다. 우선 아이들 걱정이 컸다. 첫째가 초등학교 5학년인데, 3년이면 중학교 진학과 겹치는 게 마음에 걸린단다. 거기에 첫째와 다섯 살 터울인 둘째는 아직 초등학교도 들어가지 않은 응석받이 막내다. 요 어린 것이 덥고 습한 베트남에 잘 적응할 수 있을지도 걱정이었다.

마지막으로 아내 자신도 문제라고 했다. 지금도 남편은 회사에 가면 없는 사람이나 마찬가지였다. 그런데다 해외 공장 건설이 어디 쉬운 일인가? 밤낮없이 바쁠 것이다. 아무래도 아이들 교육이며 살림살이를 한국에서처럼 혼자다 해야 하는데 말도 안 통하는 낯선 이국땅에서, 친정엄마의 도움 없이 혼자 잘해나갈 수 있을까 덜컥 겁이 날만했다.

이에 더해, 막내가 초등학교에 들어가면 단절된 경력을 다시 이어나가려고 이런저런 자격증 공부와 진학 등을 고민해왔던 아내로서는 갑작스러운 해외 주재원 생활에 손뼉 칠 입장이 전혀 아니었다. 아내는 마치 앞이 안 보이는 어두컴컴한 산속으로 아이 둘과 함께 끌려가는 기분이 들었을 것이다. 이 팀장은 동남아시아 이곳저곳을 떠돌게 될지도 모른다는 재수 없는 소문은 차마 입 밖에 낼 수도 없었다.

7년이 지났다. 이 팀장은 여전히 베트남에 있다. 3년이 지나 귀국할 시점에 과장에서 팀장으로 승진했는데 신임 팀장이 공장 현지화가 완료될 때까지 잔류해야 했기 때문이다. 이 과장이 아니면 누가 하겠냐며 그가 최적임자라고 다들 잔뜩 추켜세웠다. 웃어야 할지 울어야 할지 갈팡질팡하는 사이에 함께 왔던 1기는 귀국 비행기에 올랐다. 그보다 3년 늦게 베트남에 왔던 2기도 작년 말에 돌아갔다. 이 팀장네 큰 애는 고3이 되었고, 매일 징징대던 막내도 중학생이 되었다. 이 팀장은 여름 방학을 맞아 베트남에 왔던 아내의 말이 자꾸 걸렸다.

"아빠 없는 시간이 길어지니까, 이제 아이들이 아빠와 함께하는 생활을 어색해 해."

돌아오면 명퇴 대상

아무래도 안 되겠다 싶어, 본사 인사팀장에게 귀국을 요청했다. 인사팀장은 이 팀장이 아끼는 입사 한 해 후배다. 그는 난처해하면서도 특유의 너스레를 떨었다.

"형님, 서운해하지 말고 들으세요. 농담 반 진담 반으로, 지금 돌아오시면 바로 명퇴 대상입니다. 이제 현지 법인장이 바로 코앞인데, 저 같으면 조금 더 참겠습니다."

안 그래도 회사 사정이 좋지 않은 걸 형도 잘 알지 않느냐, 코로나 때문에 지금은 아예 문을 닫는 게 나을 지경이다, 말만 명예퇴직이지 과거와 비교하면 불명예 퇴직과 다름없다 등 인사팀장은 스트레스 풀 패키지 조언을 끝없이

덧붙였으나, 그의 진심은 짧고 분명했다. '버텨라, 그게 남는 거다.'

순간 이 팀장은 불같은 배신감에 휩싸였다. 3년만 참으면 승승장구한다고 하지 않았는가? 그 2배가 넘는 7년을 견뎌냈는데 명퇴 대상이라니! 그가 느끼는 배신감은 당연한 감정이었다. '조금 더 참아라? 그러면 법인장이 된다? 그걸 지금 어떻게 믿을 수 있는가? 날로 심해지는 우울증은 어쩌란 말인가? 아빠 없는 시간이 더 좋다는 아이들에게 뭐라 말하란 말인가?' 이제 서운하다고 말할 힘조차 없는 이 팀장의 마음은 여름 땡볕 아래 아이스크림처럼 흥하게 흘러내렸다.

하지만 알다가도 모를 것이 사람 마음이다. 마음 한구석에선 달콤한 속삭임도 쉬지 않고 들려왔다. 현지 법인장은 임원이다. 임원이 된다는 건 군대로 치면 계급장에 별을 다는 것, 즉 장군님이 되는 것이다. 임원은 모든 월급쟁이들의 꿈 아니던가. '그동안 얼마나 고생이 많았나? 이제 와서 내가 남편이다, 아버지다 큰소리치면서 돌아간다 해도 과연 가족들이 나를 따뜻하게 맞아줄까? 지난 간 세월을 되돌릴 수 있을까? 인사팀장 말대로 조금 더 버텨서 개

선장군이 되는 게 남는 장사 아닐까? 그런데 어깨에 별을 달면, 내 삶도 반짝반짝 빛나게 되는 걸까?' 반짝이는 이 팀장의 얼굴 뒤로 더 어두운 가족들의 표정이 보이는 것 같았다. '돌아가기엔 너무 늦지 않았을까?' 하는 후회와 함께 베트남의 밤이 깊어갔다.

이 팀장이 아무도 모르게 항우울제를 먹은 지는 3년이 조금 넘었다. 길어지는 타국살이와 더 이상 젊지 않은 나이. 이곳에서의 생활은 이 팀장의 몸과 마음을 조금씩 갉아먹었다. 흰머리가 검은 머리보다 많아지고, 눈은 침침해졌다. 기억력은 하루가 다르게 떨어졌고, 자신감은 기억력보다 더 빨리 떨어졌다. 통증은 머리, 어깨, 허리 등을 유린하더니, 이젠 마음까지 점령해 버렸다. 칼 같던 업무처리는 크고 작은 실수로 얼룩덜룩해졌다. 입맛도 세상 살맛도 잃어버렸다.

모름지기 세상살이란 사랑하는 사람들과 함께 살아야 버틸 수 있다는 평범한 사실을 이 팀장은 매일 깨닫는다. 그는 남자와 여자가 만나 연애하고 결혼해 아이를 낳고 가족을 이루는 관습이 지금까지 유지되는 이유를 뼈저리게 배웠다. 그 어떤 계산도 없이 서로를 필요로 하는 관계 속에서 사람은 살아갈 힘을 얻는다. 날카롭고 뾰족한 자신을 무조건 안아주던 아내가 이 팀장은 한없이 그리웠다. 아빠라는 사실 하나만으로 자신에게 천사 같은 미소를 지어주던 아이들이 보고 싶었다. 그는 사랑스러운 가족과 너무 멀리 그리고 너무 오랫동안 떨어져 있었다. 가족 없이 견뎌야 하는 타국 생활은 이 팀장을 양철 인간으로 만들었다. 우울증은 송곳이 되어 그의 심장을 집요하게 후벼 팠다. 양철 심장에 구멍이 났고 그 구멍에선 흉한 소리가 났다.

이 팀장은 얼마 전 한국에서 온 소포를 물끄러미 바라보았다. 아내가 보낸 영양제와 몇 권의 책이 있었다. 책 중에는 철학이 자신의 영혼을 쉬게 했다면서 회사를 그만두고 공부에 매진했던 회사 선배가 보낸 것도 있었다. 그 책은 한나 아렌트의 《인간의 조건》이었다. '과연 이깟 책이 내 영혼도 쉬게 해줄 수 있을까?' 빈정거리면서 이 팀장은 책을 폈다.

인간의 조건?

　이게 뭘 의미하는 걸까? 인간을 인간답게 만드는 조건이라는 것이 따로 있는 것일까? 이 팀장은 책을 이리저리 넘겨보았다. 그는 한나 아렌트의 책 《예루살렘의 아이히만》을 읽은 적이 있었다. 아이히만은 히틀러의 지시에 따라 가스실에서 수백만 명의 유태인들을 학살한 장본인이었다. 한나 아렌트는 특파원 자격으로 아이히만의 재판을 직접 참관했다. 그녀가 경악했던 것은 아이히만이 옆집 아저씨처럼 너무나도 평범했다는 사실이었다. 수백만 명을 죽인 사람의 머리엔 악마의 뿔이 없었다. 그의 엉덩이에는 짐승의 꼬리도 없었다. 그는 지극히 평범하고 왜소한 사람이었다. 한나 아렌트는 이러한 악의 평범성에 놀랐다.

　그렇다면 수백만 명을 죽음으로 몰아넣은 이 비극의 원인은 과연 무엇이란 말인가? 한나 아렌트는 아무런 생각 없이 자신의 일을 수행하는 사고력의 결여가 원인이라고 말한다. 이 팀장은 이 말에 적지 않게 놀랐다. 아무 생각 없이 그냥 시키는 대로 일해 왔던 그는, 사실 이 일이 사회적으로 어떤 의미가 있는지 생각해 본 적이 별로 없었다. '밥벌이는 신성하다', '목구멍이 하나님이다'라는 신념으로 묵묵히 시키는 대로 살아왔던 이 팀장에게 한나 아렌트는 물었다.

"우리가 활동할 때 우리가 진정 행하는 것은 무엇인가?"

내가 진짜 무슨 짓을 한 것일까? 이러한 질문의 결여가 악마성의 시작일 수도 있다는 한나 아렌트의 주장이 너무 파격적이어서 이 팀장은 입을 다물지 못했다. 그녀의 파격적인 주장은 계속되었다. 한나 아렌트는 과학과 기술에는 모든 것을 통제하려는 전체주의적 경향이 있다고 주장한다. 전체주의적 경향은 통제될 수 없는 부분까지 통제되게끔 억지로 묶고 끌어당긴다. 이러한 통제에는 폭력과 강요가 따르기 마련이다. 과학과 기술을 통해 모든 것이 가능하다는 신념은 불가능한 영역을 가능한 것처럼 조작한다. 이러한 조작에는 허상과 위선이 따르기 마련이다. 따라서 '오늘날의 근본적인 악마성은 과학과 기술을 통해 모든 것이 가능하다고 믿는 거짓 신념에 있다'고 한나 아렌트는 보았다. 전체주의적 요인은 정치 문제에 국한된 것이 아니었던 것이다.

이 팀장이 베트남에 온 이유는 스마트 팩토리를 건설하

기 위해서다. 스마트 팩토리는 고객이 언제 어디서 주문을 하던지 주문 즉시 작업이 시작되도록 설계된 공장을 말한다. 모든 자재와 설비는 시스템으로 실시간 연결되어 있다. 사람이라곤 시스템을 점검하는 극소수의 엔지니어가 전부다. 실제 재료를 붓고 빚어 디자인에 따라 제품을 만드는 것은 로봇 팔이 한다. 포장과 물류까지 사람의 노동이 끼어들 여지는 전혀 없다. 사람이 개입한다는 것 자체가 스마트 팩토리가 제대로 돌아가지 않는다는 것을 의미했다. 고객이 언제, 어디서, 어떤 색깔과 모양으로 주문을 하든 주문한 그대로 제품을 생산할 수 있다는 믿음이 스마트 팩토리에는 깔려 있다. 한나 아렌트가 말했던 모든 것이 가능하다는 전체주의적 경향이 이 똑똑한 공장을 지탱하고 있는 것이다.

그러나 이 팀장은 공장의 현실을 잘 알고 있다. 모든 것을 통제한다는 것은 꿈에 불과하다. 시스템은 자신을 만든 인간을 닮았다. 인간은 수많은 실패를 통해 조금씩 배워 나간다. 시스템 역시 고장과 오류를 먹으면서 점차 나아질 뿐이다. 완벽한 인간이 없듯이, 완벽한 시스템도 없다. 다만, 완벽하다고 믿거나 믿도록 속일 뿐이다.

한나 아렌트에 따르면, 이러한 과학과 기술에 대한 과잉 믿음은 인간 조건의 핵심인 '지구'를 거대한 실험실로 만들어 버린다. 그 속에서 인간은 실험 도구나 실험 대상이 된다. 실험은 자연스러운 상태를 용납하지 않는다. 가설에 맞는 조건을 설정해 놓고 끊임없이 조정하고 수정해서 동일한 결괏값이 나오도록 조작한다. 또한 과학과 기술의 시대는 인간의 노동 역시 끊임없는 실험 대상으로 삼는다. 한나 아렌트가 인간의 조건으로 노동, 작업, 행위를 제시한 것은 이와 무관하지 않다.

한나 아렌트에게 노동이란 생계만을 위한 활동을 의미한다. 생계는 먹고사는 문제다. 먹고사는 것이 해결되지 않는다면 우리는 그 어떤 활동도 할 수 없다. 생계가 불안하면 불안할수록 생계에 목을 맨다. 생계 불안이 커지면 커질수록 인간은 생계를 위해 많은 것을 포기하고, 이러한 포기가 쉽게 이루어지도록 자신과 서로를 속인다. 고대 그리스 등에서 노예에게 정치적 투표권을 주지 않았던 이유도 여기에 있다. 생계만을 위해 사는 노예에게 보다 높은 정신적 가치를 목표로 하는 정치적 결정을 맡긴다면, 생계가 최고라고 믿고 결국 자신과 공동체를 속이는 결정을 할 가능성이 높기 때문이다. 전체 국민에게 해롭다는 것을 알면서도 자기 먹고사는 문제 때문에 나쁜 선택을 할 가능성이 노예에겐 항상 도사리고 있는 것이다.

이 팀장은 여기에 맞설 자신 있는 반론이 생각나지 않았다. 생계만을 위한 활동을 노동이라고 할 때, 자신이 지금껏 회사원으로 해왔던 활동 전체는 노동에서 단 한 걸음도 벗어날 수 없었기 때문이다. 먹고살아야 한다는 거대한 명분 아래서 가족과의 친밀한 시간을 수년간 포기했다. 직원들과의 면담도 업무와 관련된 것으로 한정되었다. 대주주의 친인척이 낙하산으로 왔을 때도 참았다. 낙하산들은 전문성이 전혀 없었지만 이 팀장은 이에 대해 침묵했고, 오히려 그들의 눈치를 살폈다.

정치적으로도 마찬가지였다. 한 사람의 시민으로서 대통령 후보들의 공약을 검토한다고 했지만 결국 내 호주머니 불려줄 사람, 내 세금 깎아줄 사람, 내 집값 올려줄 사람을 고르고 골랐다. 보다 나은 나라, 나라다운 나라를 위해 내가 가진 것을 내놓을 마음은 손톱만큼도 없었다. 이걸 합리적인 시민이라고 해야 할지, 이기적인 돈의 노예라고 해야 할지 이 팀장은 답답했다. 이 팀장에게 진인사대천명盡人事待天命은, 진인사대생계盡人事待生計였다. 생계보다 더

센 삶의 의미를 그는 갖고 있지 않았다.

이 팀장은 책을 계속 읽어나갔다. 한나 아렌트는 '사회'가 출현하면서, 사회 안에 가족으로 대표되는 사적 영역과 정치로 대표되는 공적 영역이 애매하게 뒤섞인 것을 날카롭게 분석해 냈다. 아주 오랫동안 사적 영역은 가부장의 권위와 노예제도를 기반으로 먹고사는 문제를 해결해 왔다. 반면 공적 영역은 토론과 설득을 통해 인간을 보다 자유롭게 하기 위한 국가의 역할과 기능에 중점을 두었다.

그러나 근대의 출현과 함께 나타난 사회는, 이러한 사적 영역과 공적 영역이 혼재되어 결국 경제문제를 공동체의 최우선 과제로 부각시켰다. 이로 인해 사회에서는 가부장적인 권위와 노예제도가 함께 작동하게 되었고, 사회의 구성원들은 경제문제를 가장 중요한 선결과제로 합의하기에 이르렀다. 즉, 국가는 먹고사는 문제를 해결하기 위한 거대한 유기체가 된 것이다. 사회 안에서 인간은 더 이상 자유롭게 자신의 개성을 드러내는 주체가 아니라, 가부장적 권위를 모방한 사회적 권위에 순응하면서 생계를 해결하기 위해 서로 의존해야 하는 대상으로 전락한 것이다.

이 팀장은 끊임없는 생산의 자동화 과정이 인간을 노동에서 해방시키기보다, 오히려 인간을 세계와 이웃으로부터 소외시킨다는 한나 아렌트의 말에 무릎을 쳤다. 스마트 팩토리라는 거대한 자동화 공장은 이 팀장을 새벽부터 저녁 늦게까지 생계를 염려하는 노동자로 만들었다. 주문과 생산이 실시간으로 연결된다는 꿈은 어떤 사람에게는 항상 실시간으로 일해야 한다는 강박관념을 주었던 것이다. 그래서 그는 베트남의 자연과 문화를 마음껏 누리지 못했다. 프로그램 오류 알람은 스마트 워치를 통해 감전된 것처럼 온몸으로 전달되었다. 기후변화나 인권 등 경제와는 다른 가치에 대해서 심도 있는 생각을 할 수 있는 여유가 그에겐 전혀 없었다. 그저 먹고사는 문제를 가장 높은 곳에 두고, 다른 문제들은 생계에 얼마나 도움이 되는지에 따라 서열을 매겼다. 짐짓 조금이라도 깊은 사유가 시작되면 배부른 소리 한다며 스스로를 타박했다. 사유는 생계 앞에서 군말 없이 멈추어 섰다.

독재자들의 야망

이 팀장은 정신을 차렸다. 지금 감탄만 하고 있을 때가 아니다. 그는 진지하게 되물었다.

'나는 자본주의 시대를 사는 임금노동자다. 이런 내가 생계를 최우선으로 두는 것이 잘못인가? 모든 생각이 생계 안정을 향하는 것은 지극히 자연스러운 일 아닌가? 사실 내가 실직하면 누가 나와 가족들을 보살펴 줄까? 이 냉정한 사회에서 누구 하나 우리 가족을 거들떠보기나 할까?'

이런 든든한 반대 논리로 재무장하고 나서 이 팀장은 다시 책을 읽어 나갔다. 시간이 얼마쯤 흘렀을까? 이 팀장은 아래 문단에서 자신의 논리가 무장해제 당하는 것을 그냥 보고 있을 수밖에 없었다.

> "그리스에서 모든 독재자들의 야망은 시민들이 공적인 일에 관심을 갖지 못하게 하고 비생산적인 공론과 정치로 시간을 허비하지 못하게 하며, 동양의 전제군주제의 바자(bazaar, 시장)와 비슷한 가게들의 집합소로 아고라를 변형시키는 것이었다."

알 듯 모를 듯했다. 그렇다면 인간은 비생산적인 공론

과 정치로 시간을 허비해야 한다는 뜻인가? 비생산적인 것은 그 어떤 짓도 하지 말아야 한다고 배웠는데, 한나 아렌트는 지금 무슨 엉뚱한 주장을 하고 있는 걸까? 그는 천천히 그녀의 주장을 연결해 봤다.

'악의 근본적 원인은 아무 생각 없이 행동하는 것이다. 아무 생각이 없다는 건 이웃을 생각하지 않고 그저 자기 목숨 챙기는 데만 급급하단 의미다. 자기 생계에서 자유롭기 위해서는 경제를 넘는 보다 높은 가치를 추구할 수 있어야 한다. 따라서 인간은 생계, 효율성, 생산성, 수익률 따위에 연연하지 않은 상태에서 사유할 수 있어야 한다. 이런 상태에서 자유롭게 생각하고 토론할 수 있는 활동을 한나 아렌트는 '행위'라고 부른다. 행위의 가장 대표적인 영역은 바로 정치다. 정치? 아, 정치….'

인간 조건의 핵심, 생각의 자유!

한나 아렌트는 '노동' 이외에도 '작업'과 '행위'를 인간의 조건으로 제시한다. 이 팀장은 책을 읽으며 그녀가 말하는 작업과 행위가 무엇인지 알 수 있었다. '작업'은 최종

생산물을 목표로 삼는 활동이다. 따라서 작업의 모든 것은 최종생산물이라는 목적을 달성하는데 적절하고 쓸모 있느냐로만 판단된다. 한편, '행위'는 생계에 묶인 노동이나, 최종생산물에 집착하는 작업 그 어디에도 속하지 않는 자유로운 생각들을 이웃과 나누는 활동이다. 노동, 작업, 행위로 나아갈수록 인간이 더 자유롭게 생각할 수 있는 여지가 넓어진다.

생존에 꽁꽁 묶인 노동과 최종 결과물에서 눈을 뗄 수 없는 작업에도 물론 인간의 정신이 필요하다. 그러나 한나 아렌트가 보기에 노동과 작업은 진정 자유로운 인간의 사유라기보다는 상품화되고 평가절하된 것에 불과했다. 인간 사유의 특징 중 하나는 자유다. 사람의 뜻과 생각은 몇 마디 마른 설명으로 해명될 수 없다. 주머니 속 동전처럼 가지고 놀 수도 없다. 힘찬 물줄기처럼 거침없이 흘러나가는 인간 정신의 거대한 폭포를 한나 아렌트는 역사의 현장에서 보고 있는지도 모른다. 인간 정신의 거대한 폭포를 보지 못한 자 중 누군가는 유독가스 밸브를 아무 생각 없이 열 수도 있다는 걸 우린 목격했다.

이런 관점에서 한나 아렌트가 가장 중요하게 생각했던

인간의 조건은 바로 '행위'다. 인간 정신은 아무것도 방해할 수 없는 자유를 향한다. 그녀는 진정 자유로운 생각들이 반드시 정치 영역에 포함되어야 한다고 주장한다. 정치는 한 개인이 자신의 이익과 입장을 넘어서서, 공동체적 관점에서 자신의 개성과 자유를 펼칠 수 있는 유일한 활동이기도 하다. 생계를 넘어서는 가치, 돈을 뛰어넘는 자유로운 토론과 설득의 과정은 우리가 함께 모여 사는 근본적인 이유를 묻고 탐구하도록 만든다. 이것을 잃어버린 사람은 인간의 조건 중 가장 큰 것을 잃어버린 셈이다.

정치가 우리에게 주는 의미

이 팀장은 정치의 중요성을 새삼 느꼈다. 한나 아렌트는 정치활동을 통해 재산을 늘리고자 한다면, 그것은 생계를 위한 노동일뿐이라고 잘라 말한다. 그녀가 말하는 정치는 밥 벌어먹기 위한 직업적 정치가 아니다. 그녀에게 정치는 공동체와 이웃을 향해 말하고 행동하는 활동이다. 같이 살아가는 우리의 이웃과 함께 국가, 공정, 정의, 자유, 평등 나아가 행복을 이야기하는 공적 활동이 바로 정치인 것이다. 여기에는 한 사람의 인격이 구체적이고 솔직하게 드러난다.

이 팀장은 자신이 우울한 이유를 조금 알 것 같았다. 자신에게 베트남 공장은 오직 경제 활동으로서만 남아 있었다. 이곳은 돈의 사막이다. 효율성과 생산성이 뙤약볕처럼 내리쬔다. 여기서 버틸 수 있도록 만드는 오아시스는 생계 안정뿐이다. 그나마 그걸 확인시켜 줄 수 있는 가족마저 너무 멀리 떨어져 있었다. 우울하지 않은 것이 이상할 지경이다.

그렇다고 여기서 돈 이외의 가치를 가슴에 담을 수도 없었다. 근로자들의 정신 건강이나 베트남 노동자들의 인권 등은 공장에선 사용할 수 없는 금지어였다. 어쩌다 반인권적인 상황과 마주치게 되면, 못 볼 걸 봤다는 듯이 고개를 숙였다. 그래야 풀 한 포기 없는 사막에서 다시 살아갈 수 있었다. 월급쟁이 주제에 뭘 할 수 있다고 나서나. 이 팀장은 얼른 꼬리를 내리곤 했다.

이 팀장은 책을 덮고 생각했다. AI, 스마트팩토리, 메타버스 등 기술과 결합된 상품들이 독재자처럼 우리 삶을 지배하는 오늘날, 자신이 무엇부터 해야 할지, 과연 그것을 해낼 수 있기나 한 건지 답답했다. 시민이 되지 말고 소비자가 돼라, 국민이 되지 말고 고객이 되라는 곳은 더 이상 인간을 인간답게 만드는 따뜻한 곳은 아니란 생각이 들었다. 내 아이들이 그런 냉골에서 교육받고 평생 살아가야 한다고 생각하니 한숨마저 얼어붙었다.

그러나 사람의 마음이란 알 수 없는 신비한 힘을 가졌다. 이 팀장의 가슴 한 쪽이 뜨거워지기 시작한 것이다. 가장으로서 해야 할 일이 돈 버는 일 하나가 아니라는 생각이 들었다. 자신이 그동안 아버지가 해야 할 중요한 일 중 어떤 것들을 전혀 하지 않았다는 자책도 들었다. 머리카락이 칼처럼 섰다. 아버지로서 그는 우리나라에서 시민으로 어떻게 살아가야 하는지, 국가와 이웃 속에서 자신이 어떤 생각을 가져야 하는지, 나와 공동체는 어떤 관계를 맺고 있는지에 대한 생각을 아이들과 나누어야 했다. 이 팀장은 이런 주제를 놓고 아이들 그리고 아내와 토론하고 싶어졌다. 가족 안에서 출발해 이웃과 국가에까지 생각이 미치자 땅에 박혀 있던 고개를 들 수 있었다.

이제라도 제 앞길만 살피는 공부와 일에서 벗어나, 조금 큰 생각들을 아이들에게 전해주고 싶어졌다. 우리가 무슨 일을 어디서 하든, 우리는 함께 살아가는 사람들과 연결된 모습으로 살게 되어 있다. 이 팀장은 이런 지극히 당연한 사실을 가족들의 얼굴을 보면서, 저녁 식탁에서 하고 싶어졌다. 밥줄이 끊길지도 모른다는 협박에 속아, 자기 내면의 목소리와 가족들을 등진 채 더 이상 돈의 사막을 혼자 걷고 싶지 않았다. 이 팀장의 눈이 빛나기 시작했다.

오랜 경력단절 후
다시 출근하게 되었다

한국의 많은 여성들은 직장생활을 오래 하지 못하는 환경에 놓이고는 합니다. 임신, 출산, 육아 등 다양한 문제들이 발목을 잡기 때문이죠. 하지만 수많은 위기들을 여차저차 넘기고 직장에 다니는 워킹맘이라고 상황이 나은 것은 아닙니다. 그들은 '일과 삶의 균형(워라밸)'보다 '육아와 삶의 균형'을 고민하며, 끊임없이 스스로에게 질문을 던집니다. '회사에 다니는 것이 맞을까?', '일을 하겠다는 것은 나의 욕심이 아닐까?' 하며 자신을 괴롭힙니다.

"여성이 픽션을 쓰고자 한다면 돈과 자기만의 방이 필요하다." 버지니아 울프의 《자기만의 방》은 100년이 지난 지금도 회자가 됩니다. 그녀의 글은 무엇 때문에 아직까지 사랑받는 걸까요? 경력단절맘, 워킹맘의 무수히 많은 질문의 답도 이 책에서 찾을 수 있을까요?

경단녀의 비명

　유 과장은 경력단절이라는 절벽을 아슬아슬하게 뛰어
넘었다. 대학 때는 남학생들을 줄줄이 달고 다니는 퀸카였
고, 대기업에도 단번에 합격했다. 팀에서 성과평가도 가장
높았다. 뛰어난 외국어 실력에 좌중을 휘어잡는 프레젠테
이션 실력까지 어느 한 군데 흠잡을 곳이 없었다. 장래가
촉망되는 인재라는 수식어가 필요한 단 사람을 뽑으라고
하면 직원들은 주저 없이 유 과장을 추천했다.

　그러나 유 과장도 그놈의 사랑에 발목을 잡혔다. 아홉
수에 걸리면 안 된다고 백일 불공을 드린 어머니 성화에
스물여덟 꽃다운 나이, 중매를 봤다. 불교의 인연인지 기
독교의 예정인지 몰라도, 중매 상대는 영화배우 열받게
하는 눈부신 얼굴에, 모델 울고 갈 훤칠한 몸매를 가진 데

다 부잣집 외동아들 — 이게 함정 — 이었다. 자연의 섭리겠지만, 이런 대박 조건엔 내분비 호르몬까지 다량 분사돼 정신이 몽롱한 상태에 이르게 되는 법이다. 여기에 사회 문화적 군불까지 후끈 피어오르면 영락없이 천생연분으로 탄생한다. 천하의 유 과장은 천생연분을 만난 지 3개월 만에 청첩장을 돌렸다.

결혼한 다음 해 큰딸이, 그 다음 해엔 작은딸이 태어났다. 자기를 꼭 닮은 두 아이를 보면서 유 과장은 너무 행복했다. 그리고 육아휴직을 연거푸 냈다. 회사에선 눈치가 살벌했다. 출산휴가 90일에다 유급 육아휴직 1년을 각각 두 번 사용했으니까, 모두 합쳐 2년 6개월이었다. 이렇게 쉬는 건 회사 최초라나 뭐라나 하는 이상한 말이 들려왔다. 법에 있는 권리를 회사에서 내가 최초로 사용했다는 게 회사 자랑인지 욕인지 헷갈렸다.

유 과장이 뛰어난 인재란 사실은 여전히 유효했다. 유 과장의 휴가 전후로 보고서 수준이 달라졌다는 소문이 자자했다. 그렇지만 2년 6개월의 기간은 두 아이를 키우기엔 턱없이 부족했고, 회사 동료와의 치열한 경쟁에서 밀리는 데는 충분했다. 결국 유 과장은 남들 다 부러워하는 대기업을 때려치웠다. 아이 둘을 예쁘고 바르게 키우자는 지극히 평범하고 자연스러운 엄마의 욕심을 따른 것이다. 대기업을 부러워하던 사람들 중 유 과장표 엄마 욕심을 부러워하는 사람은 아무도 없었다. 그리고 누군가는 그동안 참아왔던 이야기를 대놓고 했다.

"여직원이 별 수 있겠어. 시집가면 회사는 빠이빠이. 저래서 여자를 뽑으면 안 된다니까."

육아와 가사 모두 유 과장이 독박을 썼다. 남편도 나름 뭔가를 했지만, 늘 도와주는 콘셉트였다. 부잣집 외동아들은 정말 손이 많이 갔다. 그는 항상 일을 벌이고 키웠다. 그래서 하나부터 열까지 일일이 시켜야 했다. 앓느니 죽지란 말을 이때 제대로 이해했다.

두 딸 모두 어엿한 여고생이 된 해, 유 과장은 자기소개서를 쓰기 시작했다. 일을 찾기가 만만치 않았다. 자기소개서를 50군데 넘게 넣고 모두 떨어지자 청년 취업난을 실감했다. 90번쯤 떨어지자 경단녀라는 현실에 몸서리쳤다. 처음엔 대기업에서 쌓은 경력이 아깝다, 애들 학원비라도 보태야겠다, 이제 나만의 일과 정기적인 돈벌이를 가져봐야겠다, 뭐 이런 대충 뻔한 말을 하며 도전했지만, 100번째 취업 실패는 자존감의 싹을 싹둑 잘라 버렸다. 우울하고 비참했다. 뭐라 할 말이 없었다.

침묵이 계속되던 어느 날, 남편이 잔뜩 눈치를 보며 이렇게 말했다.

"나도 나만의 서재를 좀 갖고 싶은데 어떻게 안 될까? 박사논문도 마무리 짓고, 노후 대비로 책도 좀 쓰고 하려면 아무래도 방해 없는 조용한 서재가……"
"뭐라고?"

비명인지 고함인지 모를 소리가 남편의 말허리를 두 동강 냈다. 그러곤 유 과장 자신도 모르게 반쯤 빈정대고, 반쯤은 기가 차서 외쳤다.

"나만의 서재 같은 소리 하고 있네!"

방은 세 개, 사람은 네 명

숫자가 맞지 않았다. 성년인 여고생 둘의 몸은 자랄 대로 자라 방을 가득 채웠다. 이런 상태에서 계속 같이 방을 쓰라고 하는 건 학대일지 모른다는 생각마저 들었다. 둘이서 깔깔대고 웃다가 손 잡고 다정하게 잠들 나이가 훌쩍 지난 것이다. 영장류의 영역 본능이 자매의 인연을 끊기 일보 직전이었다. 자매의 싸우는 소리가 거실을 지나 발코니를 넘어 주차하던 사람들을 두리번거리게 할 정도가 되었다. 이건 각자의 몸을 눕힐 자기만의 방이 필요하다는 사이렌 소리였다. 유 과장 부부 모두 그 필요성을 인정했다.

덕분에 남편은 서재를 내놓아야 했다. 말이 서재지 1평이 조금 넘는, 집에서 가장 작은방이다. 게다가 계절 물건도 한자리 차지하는 창고 겸용 방. 남편은 애지중지했던 책들을 버리거나 팔았다. 자기만의 방을 갖게 된 둘째 딸은 행복했고, 남편은 막내 방 꾸미기라는 아빠의 의무로 자신의 복잡한 감정을 간신히 감추고 있었다. 유 과장이 남편의 심사를 모르는 바 아니다. 그러나 유 과장만의 방도 필요하다는 사실은 아무도 모르는 것 같았다.

입사 서류 전형에서 몇 번 떨어졌는지도 까먹은 어느 날, 한 중소기업에서 합격 문자를 받았다. 그것도 과장으로! 유 과장은 엉엉 울었다. 이제 간신히 사회생활을 다시 시작하게 된 유 과장으로서는 기대보단 두려움이 컸고, 두려움을 이겨낼 수 있는 건 오직 공부밖엔 없다고 생각하고 있었다. 그런데 이 와중에 다시 자기만의 서재 타령을 하는 남편. 유 과장은 잔뜩 뿔이 났다. 그 뿔의 첫 희생자가 남편이었던 것이다.

남편은 각자의 방을 가지게 된 딸들에게 버지니아 울프의 《자기만의 방》을 선물했다. 나름 그 방이 갖는 의미를 잘 전달하고 싶은 마음이었을 게다. 그러나 예상한 대로 아이들은 책을 읽지 않고 한쪽 구석에 처박아 놓았다. 먼지를 툭툭 털어내고 책을 읽기 시작한 건 유 과장이었다.

아내를 구타할 수 있는 남편의 권리

《자기만의 방》은 '여성과 픽션'이라는 주제에 대한 강연 내용이다. 맨 처음 강연 요청을 받은 버지니아 울프는 고민에 빠진다. 여성과 픽션? 이건 여성이 쓴 픽션인가? 아니면 여성에 대해 쓴 픽션인가? 그녀의 결론은 다소 엉뚱했다. 여성이 픽션을 쓰기 위해서는 연간 500파운드의 돈과 자기만의 방이 있어야 한다는 결론을 내린 것이다.

그녀는 이를 설명하기 위해 가상의 '나'를 등장시킨다. '여성과 픽션'이라는 강연을 준비하는 나는 대학 도서관에 들어가지 못한다. 관리인 왈, 여성은 대학 연구원과 함께 오거나 소개장이 없으면 절대로 대학 도서관에 들어갈 수 없다는 것. 이런 말도 안 되는 차별은 당시 영국 곳곳에 존재했다. 식사 때 남자들은 포도주를 마시지만, 여성은 물을 마신다. 남성은 탐욕적으로 부유하고, 여성은 비참하게 가난하다. 여성은 갖은 노력을 다해 노동하지만 돈을 소유할 합법적인 권리조차 없었다. 심지어 《영국사》에는 이런 기록까지 등장한다.

아내에 대한 구타는 남성의 공인된 권리였고, 상층민이나 하층민 할 것 없이 자행되었다. 당시에는 부모가 선택한 남성과 결혼하기를 거부하는 딸을 방에 가둬놓고 구타한다고 해도 전혀 충격적인 일이 아니었다.

유 과장은 버지니아 울프가 왜 여성과 픽션이라는 강연

을 자기만의 방과 정기적인 수입을 통해 풀어나갔는지 이해되기 시작했다. 버지니아 울프가 말하듯, "픽션은 거미집과 같아서 아주 미세하게라도 구석구석 현실의 삶에 부착"되기 때문이다. 소설을 쓴다는 건 재능의 문제에 국한되지 않는다. 쓰는 사람이 어린 시절 어떤 경험과 교육을 받고 가족과 사회로부터 어떤 대우를 받았는지, 그리고 현재 소설을 쓸 수 있는 안정적인 공간과 정기적인 수입이 있는지에 따라 소설은 완전히 달라질 수밖에 없지 않은가. 아무런 교육도 받지 못하고, 아무런 권리도 없는 여성, 15~16세에 결혼해 가사노동으로 늙어가는 여성, 남편의 구타를 당연한 권리로 받아들여야만 하는 여성, 이들이 과연 어떤 소설을 쓸 수 있는가?

여성이 소설을 쓸 수 있는 재능을 갖는 건 불가능?

한 주교는 신문에 이런 글을 기고했다.

"과거든 현재든 또 미래든 여성이 셰익스피어의 재능을 갖는 것은 불가능하다"

이러한 주장에 버지니아 울프는 이렇게 반박한다. 우선 셰익스피어에게 여동생이 있었다고 가정한다. 그녀의 이름은 주디스다. 주디스는 오빠인 셰익스피어에게 뒤지지 않는 문학적 천재성을 가지고 있었다. 그러나 주디스는 오빠처럼 문법 교육을 받을 수 없었다. 책을 읽을 수도, 사냥이나 말타기를 할 수도, 다른 사람들과 자유롭게 만나 대화할 수도 없었다. 부모와 사회는 그녀의 삶을 철저하게 단속했다. 그녀에게 중요한 일은 바느질과 국을 끓이는 일이었다.

그녀는 좋아하는 연극을 하기 위해 오빠처럼 가출했지만, 오빠처럼 연극 단원이 되지 못한다. 오히려 조롱거리가 된다. 쉼 없이 노력해 보지만 여자라는 선천적인 약점은 그녀를 동정받아야 살 수 있는 존재로 만든다. 주디스는 극단 단장의 동정으로 먹고살다가 그의 아이를 임신한다. 그녀는 자신의 처지를 비관하다 결국 자살하고 만다. 오빠와 대등한 문학적 천재성은 단 한 번도 그녀의 몸 밖으로 나오지 못한 채, 꽁꽁 얼어붙은 길모퉁이에 조용히 묻힌다.

유 과장은 쿵쾅거리는 가슴을 진정시킬 수 없었다. 그동안 자신이 한국 사회에서 살면서 경험했던 남녀 차별은 '원래 다 그런 거지', '나 하나 참으면 조용히 넘어가는 일 아닌가', '다른 사람들은 별 탈 없이 사는데 나만 유독 유난을 떨까?'라면서 대충 넘길 일이 아니었다. 차별은 누군가에겐 삶을 스스로 끝낼 수밖에 없는 상황을 만들 수도 있다. 자기 몸에 새겨진 차별의 문신이 이제야 폭력에 의한 상처라는 걸 유 과장은 깨달았다. 두 딸의 얼굴이 스쳤다.

숙모님의 유산

그럼 이렇게 어려운 현실 속에서 버지니아 울프는 어떻게 소설을 쓸 수 있었을까? 그녀는 "숙모님의 유산은 내게 하늘의 베일을 벗겨주었고", "고정된 수입이 사람의 기질을 엄청나게 변화시킨다는 것은 사실이었다"고 고백한다. 그녀는 숙모가 남긴 유산을 받았다. 남성이 시와 소설을 잘 쓸 수 있었던 것은 하늘이 그들에게만 부여한 천재성 때문만이 아니라, 물질적 환경이 주는 안정감도 그 원인 중 하나라는 사실을 숙모님의 유산이 그녀에게 알려 주었다. 실제로 경제적 독립은 한 인간의 기질을 엄청나게 변화시킨다. 바로 이런 이유 때문이다.

"음식과 집, 의복은 이제 영원히 나의 것입니다. 그러므로 나는 노력과 노동뿐만이 아니라 증오와 쓰라림도 멈출 수 있게 되었습니다. 나는 누구도 미워할 필요가 없습니다. 아무도 내게 해를 끼칠 수 없으니까요. 또 누구에게도 아부할 필요가 없습니다. 상대가 나에게 더 이상 줄 것이 없기 때문이지요."

그녀는 그 누구에게도 물질적으로 종속되지 않은 생활을 1~2년쯤 하자 가장 커다란 해방감을 맛볼 수 있었다고 말한다. 바로 "사물을 그 자체로 생각하는 자유"가 생긴 것이다. 나아가 그러한 사유의 자유를 솔직하게 글로 쓸 수 있게 되었다. 그녀가 가장 굴욕적으로 생각한 것은 가치를 측정하는 사람들의 규정에 복종하는 것이었다. 숙모님의 유산은 그들의 눈치를 보지 않고 내가 쓰고 싶은 것을 쓰는 것, 그것만이 중요한 일이라는 것도 알려 주었다.

"지적 자유는 의외로 물질적인 것들에 달려 있습니다. 그리고 시는 지적 자유에 달려 있지요. 여성은 고작 이백 년 동안이 아니라 역사가 시작된 이래로 언제나 가난했습니다. 여성에게는 아테네 노예의 아들보다도 지적 자유가 없었습니다. (…) 이러한 이유로 나는 돈과 자기만의 방을 가져야 한다고 그토록 강조한 것입니다."

이쯤 읽자 유 과장은 다시 일하길 참 잘했다는 생각이 들었다. 그동안 남편 월급에 감사한 마음도 있었지만, 한편으론 은근히 자존심도 상하고 불안했던 것도 사실이다. 아이 둘을 낳고 키웠지만, 어딘가 모르게 이 집안의 일원으로서 자격이 없지 않나 우울한 생각이 들곤 했다. 자신의 당연한 권리도 시집 식구들에게 자신 있게 주장하지 못했고, 친정 부모님껜 작은 것조차 흔쾌히 드릴 수 없었던 건 아마도 자신을 가난한 사람, 경제적으로 남편에게 종속된 사람으로 규정하고 있었기 때문일지도 모른다. 이런 마음 자세에서 어떻게 사람과 사물을 그 자체로 바라볼 수 있겠는가. 이건 남편과의 사이가 좋고 나쁨을 떠나, 한 인간이 자기 삶을 당당하게 살 수 있느냐와 맞닿아 있는 근본적인 문제였다.

리얼리티 쓰기

"나는 아무리 사소하고 광범위한 주제라도 망설이지 말고 어느 분야의 책이라도 쓰기를, 여러분에게 권하고 싶습니다. 그리고 무슨 수를 써서라도 이곳저곳을 여행하고 빈둥거리며 세상의 미래와 과거를 성찰하고 책을 읽고 공상에 잠기며 길거리를 정처 없이 배회하고 사고의 낚싯줄을 강 속에 담글 수 있기에 충분한 돈을 스스로 소유하게 되기를 바랍니다."

새로운 회사와 업무에 대한 두려운 마음도 글이 될 수 있지 않을까 하는 생각이 들었다. '과거에 일했던 경험과 현재 일을 어떻게 연결할 수 있을지 일기를 써 볼까. 무엇보다 그 일을 하면서 내 감정에 어떤 변화가 생겼는지, 내 태도와 행동엔 어떤 변화가 있었는지 기록하면 어떨까? 이건 새로 태어난 나를 위한 육아育我 일기, 즉 나를 낳고 키우는 매일의 기록이 될 거야.' 버지니아 울프의 권유는 큰 힘이 되었다. 마냥 두렵기만 하던 유 과장은 설레기 시작했다.

"내가 여러분에게 돈을 벌고 자기만의 방을 가지기를 권한다는 말은, 여러분이 리얼리티에 직면하여 활기 넘치는 삶을 영위하기를 바란다는 말입니다."

리얼리티에 직면하라! 편견과 차별로 얼룩진 인간관계

에서 벗어나라! 내 몸과 마음이 생동감 넘치게 반응하는 현실과 직접 대면하라! 바로 이것이 살아있는 삶이다! 버지니아 울프의 간곡하고 강렬한 목소리가 유 과장을 흔들어 깨웠다. 리얼리티와 대면한 일상들을 기록하는 일은 어쩌면 인생에서 가장 중요한 일일지도 모른다는 생각이 들었다.

유 과장은 거실을 서재로 만들자고 남편에게 먼저 제안했다. 일단 TV를 버렸다. 방송국에서 만든 리얼리티 쇼는 그만 보고, 내가 주인공인 진짜 리얼리티와 맞서고 그것을 쓰기 위해서다. 쇼는 이제 충분히 봤다. 버지니아 울프의 말대로, "다른 무엇이 아닌 자기 자신이 되는 것이 훨씬 중요한 일"이다. 다음 차례는 TV를 보기 위해 거실에 퍼질러 누워있던 소파를 치우는 것이었다. 거실은 생각보다 넓었다. 큰 책상을 놓을 수도 있었다. 노트북도 이참에 새로 장만하고, 와이파이도 빵빵하게 업그레이드했다. 시간을 정해서 안방과 거실을 각자의 서재로 사용할 수 있도록 안방도 정리했다.

주디스는 살아있다

　버지니아 울프는 셰익스피어의 누이, 주디스가 아직 살아있다고 했다.

　"나는 이런 신념을 가지고 있습니다. '글 한 줄 쓰지 못한 채 교차로에 묻힌 이 시인은 아직 살아있다.' 그녀는 여러분 안에 그리고 내 안에, 또 오늘 밤 설거지를 하고 아이들을 재우느라 이곳에 오지 못한 수많은 여성들 안에 살아있습니다. 그녀는 아직 살아있어요. 위대한 시인은 죽지 않는 법이죠. 그들은 계속되는 존재들입니다. 그들은 우리 안으로 걸어 들어와 육체를 갖게 될 기회가 필요할 뿐입니다."

　이제 위대한 시인은 유 과장의 육체를 걸치게 되었다. 유 과장은 이 시인의 정신이 두 딸의 몸을 통해서도 되살아나길 바란다.

　유 과장은 《자기만의 방》을 다시 제자리에 갖다 놓았다. 책에는 "꼭 읽어봤으면 좋겠어!"라는 메모가 붙어 있다.

허먼 멜빌

《모비 딕》

사업에 실패하고
빈털터리가 되었다

"회사에 왜 다니냐?"라고 물으면 열이면 열 모두 돈 때문이라고 합니다. 대부분이 그렇습니다. 그저 돈을 벌기 위한 회사 생활인지라, 더 많은 돈을 벌 수 있는 기회가 생기면 아무 미련 없이 안녕할 수 있는 것이죠.

하지만 《모비 딕》에 등장하는 고래잡이들은 좀 다릅니다. 그들에게는 고래잡이가 단순한 돈벌이가 아닌 것이 분명합니다. 훨씬 더 안전하고 돈도 많이 버는 직업이 있음에도 굳이 고래잡이를 택했으니 말이죠. 그들은 도대체 왜 거친 파도와 싸우며 사나운 고래를 찾는 걸까요? 그들에게 고래는 어떤 의미일까요?

우리도 가끔, 아주 가끔이지만 회사 생활의 목적이 꼭 '돈'만은 아니라는 생각이 들 때가 있습니다. 혹시 당신도 이 위험천만한 자본주의 바다에서 꼭 잡고 싶은 고래가 있지 않나요? 만약 있다면, 당신은 그 고래를 잡기 위해 어디까지 가볼 생각인가요?

횡재와 행운이 가져다준 해외 도피

　박 대표도 회사원이었다. 자기가 한 일은 100인데 돌아오는 몫은 1이라고 생각해 그만두었다. '도대체 내가 만든 99는 누가 가져갔을까?' 박 대표는 회사를 차리면 나머지 99도 자신의 주머니 속으로 쏙 들어온다고 철석같이 믿고 자영업을 시작했다. 처음엔 대학교 앞에서 문방구를 했다. 노트와 필기구를 팔았다. 복사도 하고, 한쪽엔 스낵과 음료도 갖다 놓았다. 나름 종합마트 분위기를 풍겼다. 장사는 잘되지 않았다. 요즘 대학생들은 노트북이나 태블릿으로 공부하고, 필기 내용이나 시험 족보는 파일로 주고받는다. 이러다 망하는 거 아닌지 불안했다. 그런데 어느 날, 박 대표처럼 사회 경험이 절대 부족한 친구가 권리금까지 주면서 가게를 인수해 갔다. 횡재였다.

박 대표는 대학교 정문 쪽으로 자리를 옮겨 치킨집을 열었다. 받은 권리금에 대출까지 보탰다. '치킨이 땡기는 날'이란 간판을 걸었다. 박 대표가 직접 작명했다. 간판 때문이었을까? 학생들이 이 집 앞에만 오면 이상하게 치킨이 당긴다며 매일 왔다. 개강 파티, 종강 파티, 중간 기말고사가 끝나는 날엔 예약만으로도 홀이 꽉 찼다. 한일전 축구, 올림픽, 월드컵, 프로야구 한국시리즈 등 빅 매치가 있는 날엔 자리가 없어 돌아가는 손님이 더 많았다. 친한 단골 학생들이 도와준 덕분에 가게 일손도 저렴하게 해결할 수 있었다. '회사를 그만두기 정말 잘했다', '나머지 99가 이렇게 고스란히 들어오는구나' 하고 콧노래가 절로 나왔다. 그러다 코로나가 터졌다.

코로나의 기세는 대단했다. 가뭄에 콩 나듯 나오는 정부 보조금으로는 가게 월세도 낼 수 없었다. 사회적 거리두기가 6개월이 넘자 초조해졌다. 재빨리 다른 사업으로 바꿔 타야겠다고 생각한 박 대표 귀에 코인에 투자한 주변 사장님들의 대박 소문이 들렸다. 대박 주인공들은 하나같이 어떤 투자회사를 이용하고 있었다. 그 투자회사는 국내 대기업의 모바일 상품권, 해외 유전 등 다양한 곳에 투자하고 있었다. 사무실에 가보니 세계 지도와 각국의 현재 시각을 알려주는 금장 시계가 벽을 가득 채우고 있었다. 딱 봐도 성공한 글로벌 투자회사였다. 가장 눈에 띄는 건 역시 암호화폐였다. 요즘 같은 저금리 시대를 비웃듯 200% 이상의 수익률을 가리키는 붉은 화살표가 사람들의 마음을 사로잡았다. 박 대표는 친척, 친구, 과거 회사 동료들의 돈까지 모두 끌어모아 그곳에 투자했다. 영혼을 갈아 넣으면서 이건 코로나가 준 행운이라 여겼다.

존경하던 투자회사의 대표님을 악당이라 부르는 데까지는 그리 오래 걸리지 않았다. 몇 달은 약속했던 수익금이 꼬박꼬박 들어왔다. 고맙고 감사했다. 3개월 후부터는 준다 준다 말만 하고 단 한 푼도 받을 수 없었다. 통화하는 것만으로는 믿을 수 없어 급한 마음에 사무실로 찾아가기도 했다. 박 대표는 자기 몫은 그만두더라도 지인들에게는 수익금을 줘야 하는 입장이었기 때문에 속이 타들어 갔다. 지인들을 안심시키기 위해 계속 빚을 지고 있었다. 악당도 그런 사정을 알고 있었다. 그는 오히려 박 대표가 자신과 동업한 사이라며 헛소문을 퍼트려 투자자들을 이간질했다. 박 대표는 이리저리 난처한 상황으로 몰렸다. 투자자들 사이에서는 자본금까지 모두 까먹었다는 소문이 돌았다.

급기야 악당은 잠적했다. 정해진 수순이었다. 사무실에 출근하지 않는 것은 물론, 목소리 하나 변하지 않고 자신 있게 받던 전화도 이제는 받지 않았다. '경찰에 신고해야 한다', '경찰은 이런 경우 아무 힘도 못 쓰니 차라리 조폭을 불러 해결하자', '등기부를 확인했더니 사무실도 다른 사람 명의로 되어있더라', '사기 전과 7범이라더라' 등의 고성과 억측이 오고 갔다.

박 대표는 자신을 믿고 돈을 빌려준 지인들의 피해를 최소화하기 위해 동분서주했다. 밥알이 모래알 같았다. 65kg이었던 몸무게는 49kg이 되었다. 얼굴이 까맣게 변했다. 주변 사람들은 박 대표가 극단적인 선택을 할까 노심초사했다. 결국 박 대표는 결심했다.

전 재산을 털어 피해를 보상했다. 턱없이 부족했지만 지인들도 어쩔 수 없지 않냐며 타협했다. 학창 시절 단짝이었던 친구가 지금 당장 태국으로 오라고 했다. 무조건 주변 환경을 바꿔야 한다며. 단짝 친구도 사업에 망해 태국으로 떠난 지 4년이 지났다. 박 대표는 산송장처럼 태국행

비행기에 올랐다. 친구 말이 아니더라도 한국엔 단 하루
도 더 있기 싫었다. 맥이 풀릴 때로 풀린 그의 손엔 《모비
딕》이 들려 있었다.

모비 딕의 의미

《모비 딕》? 박 대표는 이 책이 왜 자기 손에 들려 있는
지 몰랐다. 더듬어 생각해 보니 급하게 고시원을 나오면
서 비행기에서 읽을 가장 두꺼운 책을 집었던 것 같다. 악
당을 잡으려고 집까지 팔고 고시원에서 생활하던 박 대표
였다. 이 와중에 독서라니 어처구니없었지만, 박 대표에겐
무엇인가 집중할 것이 필요했다. 뭐라도 하지 않으면 버틸
수 없을 것만 같았다.

책 표지가 섬뜩했다. 기분 나쁘게 생긴 괴물의 눈 주변
은 잔뜩 주름이 잡혀 있고, 괴물의 눈동자는 얼마나 튼튼
한지 날카로운 작살을 장난감처럼 튕겨내고 있었다. 튕겨
져 나간 작살들 사이로 포경선 선원으로 보이는 사람들이
이리저리 쓰러져 있었다. 언뜻 봐도 이놈이 모비 딕인 걸
알 수 있었다. '모비 딕이라, 도대체 무슨 뜻일까?' 박 대표

는 책 제목을 제대로 풀이하면 전체 이야기를 좀 더 쉽게 이해할 수 있을 것 같았다.

아무튼 희한한 이름이다. 모비 딕의 '모비'는 '거대한'이라는 의미였다. '딕'은 '남자의 성기'를 뜻한단다. 그렇다면 모비 딕은 거대한 남자의 성기란 의미인데, 말초신경 자극하는 삼류 음란물도 아니고, 이런 제목을 단 작가의 의도가 분명히 있을 것이다. 표면적으로 모비 딕은 향유고래고 향유고래의 모습이 남자의 성기와 닮긴 했다. 그게 전부일까? 향유고래는 크고 빠르면서 사납기로 유명하다. 포경선을 공격하기도 하는데, 워낙 힘이 세고 빨라서 포경선들이 속수무책으로 당했다는 기록이 여기저기 등장한다.

드넓은 바다, 검푸른 심연에서 튀어나와 거대한 물보라를 만들면서 선원들을 죽음으로 몰고 가는 향유고래. 그 고래를 잡아야 먹고살 수 있는 선원들. 이 둘의 싸움은 단순한 밥벌이가 아니라, 목숨을 건 치열한 전쟁이다. 도대체 선원들은 왜 이렇게 위험천만한 일을 하는 것일까? 사람이 바다에서 향유고래를 상대하는 것을 과연 생계 수단이라고 볼 수 있을까? 먹고살기 위해서라면 이보다 덜 위험한 직업이 얼마든지 있다. 박 대표는 선원들의 마음을 도무지 이해할 수 없었다.

그렇다면 모비 딕은 덩치 큰 고래의 이름만은 아닐 것 같 았다. 도무지 그 속을 알 수 없는 넓디넓은 바다. 그 안에 내가 잡아야만 하는 거대한 무언가가 있다. 그런데 그 무 언가는 어디에 있는지 알 수가 없다. 안다고 해도 그것은 나를 죽일 수 있는 엄청난 힘과 뛰어난 머리를 가졌기 때 문에 자칫 잘못하면 오히려 내가 죽을 수도 있다. 모비 딕 은 과연 무엇을 상징하는 걸까? 박 대표는 일단 여기까지 생각하고 첫 문장을 읽었다.

첫 문장

"나를 이스마엘이라고 불러 달라(Call me Ishmael)."

《모비 딕》은 이렇게 시작한다. 이스마엘? 기독교 집안 에서 자란 박 대표는 금방 이 이름의 의미를 낚아챘다. 유 태인들이 믿음의 조상으로 떠받치는 아브라함에겐 아들 이 둘 있다. 하나는 이삭이고, 다른 하나가 바로 이스마엘 이다. 이스마엘은 아브라함이 하나님의 약속을 믿지 못하고 하녀로부터 얻은 아들이다. 그러니까 이스마엘은 믿음의 조상을 친아버지로 두었으나 믿음의 조상이 품은 의심 때문에 태어난 인물인 것이다. 이스마엘의 혈관엔 '믿음'의 피와 '의심'의 피가 함께 흐르고 있는 셈이다.

이런 이스마엘이 《모비 딕》을 이끌어가는 이야기꾼이란다. 박 대표는 피식 웃었다. '그럼, 이 사람 말을 믿어야 하는 거야, 의심해야 하는 거야?' 믿음의 조상이 하나님을 의심해서 낳은 아들. 그렇다면 그 아들은 하나님의 선택이 아니란 의미. 하나님의 선택은 이삭이었다. 인간 아브라함이 선택한 결과인 이스마엘. 박 대표는 인간인 자신이 이제 막 이야기를 시작한 이스마엘의 말을 믿어야 할지, 아니면 하나님의 선택인 이삭의 말을 기다려야 할지 도저히 알 수 없었다. 소설은 첫 문장부터 박 대표를 깊은 바다로 끌고 들어갔다.

이스마엘은 식인종 야만인인 '퀴퀘그'와 함께 고래잡이 배에 오른다. 이스마엘은 퀴퀘그를 통해 자신이 편견에 사로잡혀 있다는 걸 점차 깨닫는다. 기독교와 서양문명은 자신을 교양인으로, 퀴퀘그를 야만인으로 구별했다. 나아가 아무런 근거 없이 자신을 우월한 존재로, 퀴퀘그를 열등

한 존재로 낙인찍고 있었다. 이스마엘, 그 자신도 전통 기독교인들이 볼 땐, 죄의 산물인 주제에 말이다. 하지만 시간이 지날수록 이스마엘은 퀴퀘그의 자유로운 정신과 용기에 크게 매료된다.

이들이 함께 승선한 포경선의 이름은 '피쿼드'이다. 피쿼드는 백인에게 처음으로 전멸당한 인디언 부족의 이름이다. 바다에서 선원들의 생명을 책임져야 하는 배 이름으로는 불길하기 짝이 없다. 몇백 년 동안 평화롭게 살던 어느 날, 피쿼드로 불리던 그들은, 난생처음 본 백인들에게 잔혹하게 죽어갔다. 피쿼드라면 아무런 이유 없이 여자와 아이들까지 전부 죽임을 당했다. 피쿼드는 이렇게 억울하게 죽은 영혼들의 이름인 것이다. 그렇다면 이 피쿼드 호는 산 자의 배가 아니라 죽은 자들의 배인데…. 그가 보기엔 피쿼드 호는 바다에 떠 있는 공동묘지 같았다. 이것은 그들의 운명이 앞으로 어떠할지를 보여주는 암시가 아닐까.

나를 사로잡고 있는 거대한 그 힘

이쯤 읽고 나니, 박 대표는 《모비 딕》이란 책 제목이 조금씩 이해되기 시작했다. 이스마엘, 퀴퀘그, 피쿼드는 기독교, 서양문명, 백인이라는 기득권에 의해 무시되거나 죽임을 당한 이름들이다. 기독교, 서양문명, 백인이면 남자든 여자든 상관없이 모두 기득권을 누릴 수 있었을까? 아니다, 반드시 남자여야만 했다. 인류 역사에서 아무 근거 없이 막대한 기득권을 누린 자들은 거의 모두 남성이었다. 남근은 다른 이유 없이 남성이라는 이유만으로 온갖 혜택을 누려온 집단의 상징 아닌가. 그렇다면 거대한 남근, 즉 모비 딕은 그동안 인간들이 아무 생각 없이 복종해 왔던 거짓 권위의 삼위일체인 기독교, 남성, 백인을 한꺼번에 지칭하고 있는 것일지도 모른다.

박 대표는 책을 내려놓고 잠시 생각에 잠겼다. 그동안 자신이 아무런 의심도 하지 않고 받아들이고 존경해왔던 힘, 자신 또한 갖고 싶어 안달복달했던 그 힘을 조심스럽게 추적해 봤다. 가장 먼저 생각난 것은 역시 '돈'이었다. 자본주의의 바다에서 마음껏 헤엄칠 수 있는 힘. 그 누구든 잡아먹을 수 있는 힘. 그러나 갖고 싶다고 아무나 가질 순 없는 힘. 그것을 잡으려면 목숨도 아끼지 않아야 하는 힘. '도대체 나는 언제부터 돈의 힘을 삶의 목표로 갖게 되었을까? 그건 혹시 그림자에 불과한 건 아닐까? 그림자를

쫓다가 나 역시 그림자로 변한 건 아닐까?'

우연히 펼쳐진 곳에는 누군가 밑줄 친 문단이 있었다.

"이곳 지구에서 소위 '그림자'라고 불리는 것이 실은 우리의 진정한 실체인지도 몰라. 우리가 영적인 것을 바라보면서 느끼는 것은 마치 굴조개가 깊은 바다 밑에서 태양을 바라보며 탁한 물을 가장 맑은 공기라고 여기는 것과 같을지도 모른다고."

악인의 이름으로

에이해브. 그는 모비 딕을 잡는 피쿼드 호의 선장이다. 박 대표는 이제 소설에 등장하는 이름을 그냥 지나칠 수 없다. 에이해브는 성경에 등장하는 악한 왕, '아합'을 영어식 발음으로 표기한 것이다.

'아합이라고? 아합은 하나님 말씀을 안 듣고 우상을 숭배한 나쁜 왕인데? 모비 딕이 잘못된 기득권의 상징이라면 그걸 잡고자 목숨을 건 선장은 훌륭한 사람 아닌가?

그런데 훌륭한 사람의 이름이 왜 아합이지?' 박 대표는 다시 한번 이름 속으로 생각의 바늘을 던졌다. 바늘 끝에는 이런 이야기들이 걸려 올라왔다.

어쩌면 작가는 인물들의 이름을 상식과는 정반대로 사용하고 있는지도 모른다. 거짓된 기득권들이 믿고 있는 뒷배는 '전지전능한 신'이다. 그러나 실상 신은 존재하지 않는다. 신은 기득권자들이 자신들을 보호하기 위해 거짓으로 꾸며낸 것에 불과하다. 그렇다면 그러한 신은 없다고, 거짓이라고, 우리가 속은 거라고 외치는 사람은 용기 있는 사람일 것이다. 그러나 그렇게 진실하고 용기 있는 사람도, '신은 있다', '신은 전지전능하다', '신은 나를 사랑한다'고 믿는 사람들에게는 악마와 다름없다. 기득권의 홍보용 멘트에 속고 있는 사람들에게 실상을 용기 있게 밝히는 자들은 아합과 같은 악인일 뿐이다.

여기까지 생각을 하다 보니 플라톤이 말했던 '동굴의 비유'가 떠올랐다. 이 이야기 속 사람들은 모두 동굴 안에 갇혀 산다. 그러다 단 한 사람만 동굴 밖 세상을 보고 오게 된다. 돌아온 그는 동굴 속 사람들에게 진실을 알리려고 한다. 그러나 평생 동굴에서만 살던 사람들이 그의 말을 믿을 리 없다. 그의 말이 사실이라면 지금껏 자신들이 쌓아 올린 것들은 모두 거짓으로 드러날 것이기에, 사람들은 진실의 입을 막기에 급급하다. 이제 동굴 안 사람들에게는 무엇이 진실인지는 중요하지 않다. 그들에게 중요한 건, 지금 자신들의 믿음을 현실로서 지탱해내는 것이다. 비록 그것이 실상 거짓일지라도 내가 참이라고 믿는다면 아무 문제도 없기 때문이다. 나의 신념을 지킬 수만 있다면, 진실을 말하는 사람쯤은 언제든지 죽일 수 있는 것 또한 사람이다. 나의 믿음을 흔드는 자, 그의 이름이 악인이다.

환상의 섬에서 떠날 수 있는가

"섬뜩하게 느껴질 만큼 무서운 이 바다가 푸른 초목이 무성한 육지를 둘러싸고 있듯이, 인간의 영혼 안에는 평화와 기쁨으로 가득 찬 외딴섬 타히티가 있다. 그리고 그 섬은 절반밖에 알려지지 않은 삶의 공포로 둘러싸여 있다. 신이 부디 그대를 지켜주시기를! 그대는 절대로 그 섬을 떠나지 마라! 일단 떠나면 두 번 다시는 돌아올 수 없을 테니!"

누구나 '나는 여기 확실히 존재한다', '나는 행복하다', '나는 괜찮은 사람이다'라는 환상의 섬에서 평화와 기쁨을 느끼며 살길 원한다. 그러나 에이해브처럼 자기 자신에게 씻을 수 없는 상처와 공포를 준 무언가와 만난 사람은 더 이상 그런 생활을 할 수 없다. 에이해브는 모비 딕과 만난 첫 번째 싸움에서 한쪽 다리를 잃었다. 자기 다리를 고래 배 속에 남겨둔 채, 에이해브는 비참하게 돌아왔다. 돌아오는 내내, 그는 불같은 복수를 다짐하고 또 다짐했다. 그러면서 한편으론, 모비 딕이 바닷속 어딘가에 있다는 사실만으로 공포에 사로잡혀 이를 덜덜 떨었다.

그러나 에이해브는 거짓된 환상의 섬을 떠나기로 스스로 결단했다. 삶의 밑바닥에서 꿈틀거리는 그 무언가를, 복수의 대상이자 공포의 원인을, 꼭 자기 손으로 잡고자 다시 떠난 것이다. 그것을 죽이기 전까지 나는 나일 수 없는 것이다. 나를 그림자로 만들고 있는 거짓 빛의 정체를 향해 그는 자신만의 작살을 반드시 던져야만 한다.

그래서 에이해브는 모비 딕을 잡기 위해 거의 미쳐 있다. 그의 광기는 향유고래를 잡아 돈을 많이 벌겠다는 목적을 훌쩍 뛰어넘는다.

"그는 흰고래에게 모든 악의 근원을 돌리며 미친 듯이 날 뛰었다. 불구의 몸에도 아랑곳하지 않고 그것에게 덤벼들었다. 사람을 가장 미치게 하고 괴롭히는 모든 것, 가라앉은 앙금마저 휘젓는 모든 것, 악의를 내포하고 있는 모든 진실, 육체를 지치게 하고 뇌를 굳게 만드는 모든 것, 생명과 사상에 작용하는 모든 악마성, 이 모든 악이 미쳐버린 에이해브에게는 모비 딕이라는 형태로 가시화되었다. 그리하여 이 악의 근원은 공격할 수 있는 실체가 되었다. (…) 흰고래는 도대체 그들에게 어떤 존재인가. 그들의 무의식 속에서 흰고래는 인생이란 바다를 헤엄치는 거대한 악마처럼 보였을지도 모른다."

속고 있는 자들의 눈에는 거룩한 흰고래를 죽이려는 에이해브가 악인처럼 보일 것이다. 그러나 이 당당한 악인의 눈엔 사람들을 속이는 선한 얼굴의 고래가 천사같이 하얀 색깔의 고래가 악마처럼 보인다. 에이해브는 자신을 악인이라고 부르는 사람들의 평가에 아랑곳하지 않는다. 그는 스스로 자신을 미친 사람이라고 인정한다. 미치지 않고서야 남들처럼 편히 살다 죽으면 되는 인생을 왜 이렇게 힘들게 살겠는가.

한 인간이 갖는 진정한 본질

에이해브의 몸은 의족 때문에 비틀거렸지만, 그의 영혼
만은 흔들리지 않았다. 자신만의 작살을 갈고 또 갈았다.
그에게 안락한 삶과 목숨 따윈 중요하지 않았다. 그는 자
신만의 진정한 본질을 끝내 지키고 싶었다. 기존 세상과
맞선 악인은 실상 자기 자신을 구원할 수 있는 유일한 사
람이 자신뿐임을 잘 알고 있었다.

> "흰고래도 인간도 심지어 악마조차도, 이 늙은 에이해브
> 의 진정한 본질만은 건드릴 수 없어."

박 대표는 에이해브가 마치 자신처럼 느껴졌다. 향유
고래를 쫓아 태평양을 샅샅이 돌아다닌 에이해브와 돈을
좇아 자본주의의 바다를 훑고 다녔던 자신이 다를 바가
없어 보인 것이다. 모비 딕에게 한쪽 다리를 잃고 나서 복
수의 광기와 죽음의 공포에 시달리는 그의 모습과, 돈에
치이고 사람에게 속아 삶의 의미와 열정을 잃어버린 자신
은 다를 바가 없었다. 돈과 사람이라는 핑계를 댔지만, 진
짜 자신을 물어뜯은 건 자신의 욕망이었다. 돈만 있으면
인생이 천국으로 바뀔 거라 믿고 쉼 없이 달려왔는데, 돌

아온 건 상처와 죄책감 그리고 허무였다.

박 대표는 '자신의 진정한 본질이 뭘까' 스스로에게 물어봤다. '안락하고 무난한 생활을 포기하더라도, 그러다가 목숨을 잃더라도, 반드시 지켜내고 싶은 삶의 가치와 의미가 나에게 있는가? 그것을 지키기 위해 내가 끝끝내 찾아내고, 이겨내야만 하는 모비 딕은 과연 무엇인가? 모비 딕을 찾아 나는 다시 인생의 거친 바다로 나갈 수 있을까?'

모든 인간은 샴쌍둥이

공항에 나온 친구는 박 대표를 보자마자 꼭 안아주었다. "마이뺀라이(ไม่เป็นไร)"라는 말도 계속해 주었다. 마이뺀라이는 '괜찮다'라는 뜻의 태국말이다. 큰일을 당한 사람에게 '그거 아무것도 아니야, 괜찮아!'라고 말하고 싶을 때 사용한다. 낙천적이고 여유 넘치는 태국인들은 입에 달고 사는 말이다.

태국에 온 지 벌써 15년이 흘렀다. 박 대표는 여기에서 이런저런 일을 했다. 크고 작은 성공과 실패가 파도처럼 반복되었다. 그때마다 마이빠라이를 읊조렸다. 결혼도 하고 아이도 낳았다. 가족의 사랑이 박 대표의 마음을 키우고 꾸몄다. 그는 자신의 본질을 깨달았다. 그 본질을 지키기 위해 반드시 싸워 이겨내야 할 것도 발견했다. 깨달음의 과정엔 이스마엘의 깨달음이 적지 않은 영향을 주었다.

> "지금 나의 상황이 살아 숨 쉬는 모든 인간의 처지와 똑같다는 것을 깨달았다. 다만 나와 달리 대부분의 인간은 어떤 식으로든 한 사람이 아니라 여러 사람과 샴쌍둥이처럼 맞닿아 있을 뿐이다. (…) 결코 잊어서는 안 되는 사실은 내가 아무리 발버둥 쳐도 내 마음대로 할 수 있는 것은 밧줄의 한쪽 끝뿐이라는 사실이다."

박 대표는 권리금을 받고 문방구를 팔았던 기억을 잊지 못한다. 횡재라 여기면서 속으로 '앗싸!'를 수도 없이 외쳤던 자기 모습도 같이 끌려 올라왔다. 우리는 어떤 식으로든 모두 샴쌍둥이처럼 결합되어 있을 뿐인데, 나는 달랑 내 지갑만 챙기면서 살았다. 투자회사 대표와도 그렇게 연결되어 있었을 뿐인데, 그도 자기 잇속만 생각하고 나를 지탱해 주던 밧줄을 놓아 버렸던 것이다.

지금 태국에서 만나고 있는 사람들과는 그렇게 하지 않는다. 살아 숨 쉬는 모든 인간은 같은 처지에 놓여 있다는 걸 잊지 않으려 노력한다. 중요한 건 항상 자신은 밧줄의 한쪽 끝만 잡고 있다는 사실이다. 박 대표는 자신이 붙들고 있는 한쪽 밧줄을 꽉 잡는다. 자신이 밧줄을 놓으면 누군가는 죽음의 바닷속으로 빠지기 때문이다. 그러나 밧줄의 다른 한쪽은 그들의 몫이다. 박 대표는 그들도 자신들의 진정한 본질을 걸고 줄을 든든하게 당겨줄 거라 믿는다.

마이클 샌델

〈공정하다는 착각〉

고졸이라는 이유로
잡일을 떠맡았다

해당 본문 내용 중 일부는 **마이클 샌델 저, 함규진 역, 《공정하다는 착각(와이즈베리)》**에서
인용하였음을 밝힙니다.

아직도 우리 사회에서 '학력', '자격증', '시험 성적', '등수' 등은 무시할 수 없는 중요한 평가 지표입니다. 같은 일을 하더라도 좋은 대학을 나왔다는 것을 알게 되면 상대가 달리 보이죠. 당신 자신도 모르게 학력이나 자격증 유무, 직장 등으로 상대방을 평가할 때가 분명 있었을 겁니다. 이것은 그 어떤 수식어보다 끈질기게 사람들을 쫓아다닙니다. 그 사람이 어떤 성과를 냈든 어떤 사람이든 상관없습니다. 보통 학력이나 시험 성적, 등수 같은 것들이 그 사람의 능력을 '가장 공정하게 평가한 결과'라고 생각하기 때문입니다. 그런데 《공정하다는 착각》의 마이크 샌델은 말합니다. 이런 경쟁적 능력주의는 착각일 뿐이라고 말이죠.

'자신이 한 만큼 능력을 인정받는 것인데 이것이 왜 나쁜가' 하고 생각할 수도 있습니다. 정말 그럴까요? '능력'은 정말 공정한 평가로 얻는 것일까요? 마이클 샌델은 이것이 왜 공정하지 않다고 했을까요? 우리는 왜 이런 믿음을 가지게 되었을까요?

"왜 내가 해야 하죠!"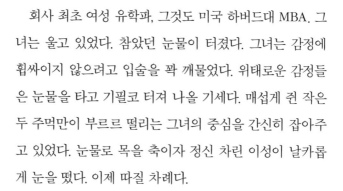

회사 최초 여성 유학파, 그것도 미국 하버드대 MBA. 그
녀는 울고 있었다. 참았던 눈물이 터졌다. 그녀는 감정에
휩싸이지 않으려고 입술을 꽉 깨물었다. 위태로운 감정들
은 눈물을 타고 기필코 터져 나올 기세다. 매섭게 쥔 작은
두 주먹만이 부르르 떨리는 그녀의 중심을 간신히 잡아주
고 있었다. 눈물로 목을 축이자 정신 차린 이성이 날카롭
게 눈을 떴다. 이제 따질 차례다.

"인턴 3개월이야 회사 업무를 전반적으로 알아야 하니
까, 백번 양보해서 제가 했어요. 하지만 이젠 저도 정식 직
원입니다. 엄연히 제 담당 업무가 있고요. 사실 신문 배달
은 누구나 할 수 있는 일이잖아요. 그래서 그동안 쭉 고졸
직원들이 했던 거고요. 그런데 유학까지 다녀온 제가, 경

영학 석사인 제가 단지 여자 직원 중 막내라는 이유로 이 일을 전담하라는 게 말이 되나요? 그 시간에 좀 더 전문적인 일을 하는 것이 우리 회사뿐만 아니라, 사회적으로도 좋은 일 아닌가요? 능력에 맞는 일을 하는 것이 공평하지 않나요? 왜 내가 그런 잡무를 해야 하죠? 제가 고졸인가요?"

마지막 말이 김 과장의 심장을 쥐어짰다. 김 과장은 여자상업고등학교를 나왔다. 당시 최고 명문 여상이었다. 아픈 아버지를 대신해 혼자 생계를 책임지고 계신 엄마를 생각하면, 고등학교 졸업도 감지덕지. 대학의 '대'자도 입 밖에 내지 못했다. 학교 선배들은 어렵지 않게 은행에 취업했다. 김 과장은 은행보다 오래 안정적으로 다닐 수 있는 직장을 택했다. 월급도 복지도 좋은 편에 속했다. 문제는 학력에 따라 차별을 두는 보수 규정과 조직문화였다. 고졸 직원이라는 꼬리표는 입사 18년이 지난 지금도 그녀를 따라다닌다.

이제 자신처럼 여상을 졸업한 신입 직원은 찾아볼 수 없게 되었다. 갈수록 대졸 직원들과 여러 면에서 차이가 났다. 보수와 진급에서 대졸 직원들에게 자꾸 뒤졌다. 대졸 남자 직원보다 덜 받고 늦게 승진하는 건 군대 생활을 경력 기간으로 보기 때문이라는 답변으로 간신히 달랬다. 그것에 대해서도 할 말은 많았지만 꾹 참았다. 다 좋다. 그렇다면 자기보다 입사가 늦은 대졸 여자 후배들보다 보수가 적은 건 무엇 때문인가? 입사 18년 동안 김 과장은 누구보다 성실히 일해오지 않았던가? 아파도 꾹 참고 죽어도 회사에서 죽겠다며 출근했다. 게다가 성과평가도 좋았다. 도대체 뭣 때문에 이런 일이 벌어졌을까?

신문 파동이 난 이후 어느 날, 총무팀장이 김 과장을 조용히 불렀다. 임원실 신문 배달을 대신해 줄 수 없냐는 것이 요지였다. 김 과장은 어이가 없었다. 여자 후배들이 퇴사할 때마다, 자신이 다시 맡아야 했던 일은 신문 배달뿐이 아니었다. 책상 청소, 다과함 정리, 화분 관리 등 그동안 소위 막내가 해왔던 사소한 일들이 툭하면 김 과장에게 떨어졌다.

학력에 따른 차별은 정당하다?

도대체 무엇 때문에 이런 일이 벌어질까? 그 오랜 시간

혼자 끙끙대며 앓던 답을 총무팀장에게 들었다. 이유는
간단했다.

"고졸 직원이 이제 김 과장 한 명이야."

이제 고졸 직원이 김 과장 하나… 열심히 일하면 언젠
가 조직이 알아줄 거라 믿고 묵묵히 일만 한 자신이 바보
처럼 느껴졌다. 조직은 이미 알고 있었다. 김 과장이 어떻
게 회사 생활을 마치게 될지. 단지 김 과장 뒤에서 쉬쉬하
고 있었을 뿐이다.

김 과장은 서러웠다. 해외 MBA 출신 후배의 분노에 찬
눈빛이 머리에 가득 찼다. 자신은 표현하지 못한 부당함
을 그녀는 온몸으로 드러냈다. 그 힘은 어디서 나왔을까?
부당함! 불공정! 그것이라면 김 과장도 지금껏 뼈아프게
느껴온 바다. 그렇다면 자신은 그동안 어떻게 이런 차별과
부당함을 참을 수 있었을까? 김 과장 주변에는 항상 '사회
라는 게 원래 그렇다', '억울하면 출세해라', '지금이라도 대
학에 가면 되지 않냐' 등 자동차 경적 같은 목소리들이 빵
빵거렸다. 그 목소리들이 의미하는 한결같은 주장은 '우
리 사회는 모두에게 공평한 교육 기회를 주고 있다', 따라

서 '학력에 따른 차별은 정당하다', 따라서 '사회가 요구하는 학력을 갖춘 사람들은 그에 맞는 보상을 요구할 권리가 있다', 따라서 '그 경쟁에서 뒤진 사람은 그들의 권리만큼 자신의 것을 잃어버리게 된다', 따라서 '이제라도 그걸 만회하라. 게임은 공정하다'는 것이었다. 이놈의 '따라서'는 영원히 계속될 기세였다.

김 과장이 머리를 흔들며 애써 이 목소리들과 싸우고 있을 때, 문자메시지 진동이 울렸다. 이번 달 학원 수강료가 결제되었다는 내용이다. 김 과장은 잊었던 열정에 몸이 뜨거워졌다. 딸만은 꼭 대학에 보내야겠다고, 이왕이면 명문대에 보내야겠다고, 유학도 보내야겠다고, 적어도 딸만은 고졸이라는 낙인이 찍히지 않도록 힘껏 돕겠다고. 김 과장은 자신도 모르게 깊은숨을 들이마셨다. 이미 숱하게 마셨던 이 치열하고 뜨거운 공기를 마치 처음 맛보는 것처럼 지그시 눈을 감고 음미했다.

능력주의! 김 과장 역시 이를 당연한 것으로 받아들였다. 능력주의가 공정하다는 것에 대해선 추호의 의심도 없었다. 다만 자신의 능력이 부족해서 이런 취급을 받는 현실이 못마땅할 뿐이다. 그래서 자신의 딸만은 공정한 능력주의 사회에서 정정당당하게 승리하길 바랐다. 그것이 아무리 어려워도 학원비를 가장 먼저 결제했던 이유이기도 하다. 김 과장 자신도 여기서 주저앉을 순 없다. 그동안 해왔던 자기개발을 더 열심히 해야겠다고 생각했다. 비록 대학은 나오지 못했지만, 주어진 환경에서 최선을 다한 모습을 딸에게 보여주고 싶었다. 딸에게만큼은 부끄럽지 않고 싶었다.

김 과장은 마음 바닥에 깔린 의욕을 긁어모았다. 모처럼 책을 한 권 사야겠다고 느낀 김 과장은 온라인 서점 앱을 눌렀다. 휴대폰을 잽싸게 밀어 올리던 시선이 이상한 제목의 책에 막혔다. 《공정하다는 착각》.

'능력주의는 모두에게 같은 기회를 제공하는가'라는 부제목에 김 과장은 몸을 일으켰다. 책 광고를 보던 김 과장은 지은이가 마이클 샌델이고 그가 유명한 《정의란 무엇인가》라는 책을 쓴 하버드대 교수라는 걸 알았다. 그 잘난 하버드대 아니던가. 김 과장은 이 책을 바로 주문했다.

설마 몰랐어?

"우리 부모님이 요트부 감독에게 돈을 찔러줬어. 덕분에
난 스탠퍼드에 들어왔지."

아무리 뻔뻔한 사람이라도 이렇게 까발리진 못할 것이
다. 2019년 미국을 뒤흔든 명문대 부정 입학 사건이 있었
다. 당시 대부분의 부모들은 입시 부정 사실을 자녀들에
게 비밀로 했다. 그들은 왜 떳떳하게 말하지 못했을까?

능력주의가 원칙이 되는 사회에서는 승리자가 '나는 나
스스로의 재능과 노력으로 여기에 섰다'고 믿을 수 있어
야 한다.

공평한 사회는 꿈일 뿐이다. 현실은 공평하지 않다. 진
짜 문제는 공평하지 못한 현실에 그 만한 이유가 있느냐
하는 것이다. 여기서 말하는 그 만한 이유란 도덕적인 이
유, 즉 떳떳한 이유를 말한다. 만약 그렇지 않다면 사람들
은 분노로 폭발하거나, 무기력으로 시들어 사회가 유지될
수 없을 것이다. 그리고 능력주의는 여기에 떳떳한 명분을
준다. 기회는 공평하고, 과정은 공정하니, 결과는 능력껏

가져가시라! 공정한 경쟁에서 승리한 이유는 오직 하나, 자신의 뛰어난 능력뿐! 능력주의의 도덕적 근거는 바로 여기에 있다.

입시 부정 학부모들이 훔친 것은 이러한 정의로운 승리와 능력에 대한 도덕적 인정이었다. 이것은 돈으로 살 수 없다. 바로 이것이 그들이 기부입학 제도가 있음에도 부정입학을 선택한 이유 중 하나다. 기부입학은 그야말로 돈으로 산 것이니까, 정의로운 승리자 또는 도덕적 능력자로 자부할 수 없다. 부모의 돈은 자기 능력에 비해 도덕적으로 떳떳하지 못하다.

김 과장은 여기까지 잘 이해됐다. 하지만 여전히 능력주의가 나쁘게 느껴지지는 않았다. '기회는 공평하고, 과정은 공정하니, 결과물을 능력껏 가져가는 게 뭐가 나빠!' 도대체 능력주의에 어떤 문제가 있다는 건지 김 과장은 좀체 감을 잡을 수 없었다.

재능과 노력을 보상하는 체제라고 생각하는 건, 승자들이 승리를 오직 자기 노력의 결과라고, 다 내가 잘나서 성공한 것이라고 여기게끔 한다. 그리고 그보다 운이 나빴던 사람들을 깔보도록 한다. (…) 정상에 오른 사람은 자신의 운명에 대한 자격이 있는 것이고, 바닥에 있는 사람 역시 그 운명을 겪을 만하다는 것이다.

이 대목에서 김 과장은 소파에 뉘었던 몸을 일으켜 세웠다. 하버드 MBA 신입 직원이 자신을 밀어붙이던 분노의 눈빛이 떠올랐다. 그 당당한 분노의 근거와 자신이 느꼈던 새빨간 모멸감의 이유를 방금 확인한 것이다. 능력주의에서 진 사람들을 깔보는 건 승리자만이 아니다. 실패자는 자기 자신도 깔본다. 능력주의에서 진 사람은 스스로에게도 욕을 한다. 이 공정한 게임에서 진 건 다 내 책임이라고 자신을 모질게 닦달한다.

김 과장도 그랬다. 김 과장은 지금 자신이 겪는 학력에 의한 차별을 어느 정도 당연히 여겼다. 그리고 그 책임을 자신이 고스란히 껴안았다. 가난한 집안 형편을 탓하지 않았다. 가난은 나라님도 어쩌지 못한다니 나라 탓도 하지 않았다. 주어진 환경에서 열심히 살다 보면 좋은 날이 올 거라 믿었다. 좋은 날이 당최 오지 않자, 자기 딸만은 이런 세상에 살게 해선 안 되겠다 싶어 사교육에 열을 올렸다. 정 못 참겠다 싶으면, 김 과장은 야간대학이나 방통

대를 알아봤다. 일과 가정 두 가지 삶만으로도 저녁엔 죽을 지경이라, 약한 체력과 의지를 탓하며 대학의 꿈을 접곤 했다. 의지가 이렇게 약해 빠졌으니 부당한 취급을 받아도 싸다며 자책했다. 꿈을 포기할 때마다, 자책이 반복될 때마다, 딸에 대한 기대는 위험할 만큼 커졌다.

그렇다면 능력주의 경쟁에서 승리한 사람들은 어떨까? 엄청난 자신감과 자존감으로 행복한 삶을 살고 있을까?

> 능력의 전장에서 살아남은 사람들은 승리자다. 그러나 상처 입은 승리자다. 나는 그 사실을 내 학생들을 보고 알았다. 그들은 오랫동안 불타는 고리를 뛰어 통과하는 일을 거듭해왔고, 그 습관을 쉽게 버리지 못한다. 많은 아이들이 아직도 분투하고 있다. 생각하고, 탐구하고, 나는 누구이며 나는 무엇을 해야 가치 있게 살아갈 것인가 숙고하면서 대학 생활을 보내지 못하고, 싸우고 또 싸운다. 놀랄 만큼 많은 아이들이 정신 건강에 이상을 겪고 있다. (…) 대학생 다섯 명 가운데 한 명이 설문 이전 1년 이내에 자살을 고려했다. (…) 그들은 살인보다 자살로 더 많이 죽어간다.

책 위로 딸의 지친 얼굴이 인쇄돼 나타났다. 딸의 얼굴 뒤로 수많은 아이들의 핏기 없는 표정들이 쓰러져 있었다. 청소년 사망원인 1위가 8년째 자살이라는 뉴스가 생각났다. 2020년 청소년 통계에 의하면 학생 10명 중 4명은 여가시간이 하루에 2시간도 안 된다고 한다. 학년이 올라갈수록 우울감도 높아지는 것으로 조사되었고, 2016년 이후 사교육 시간은 꾸준히 증가되는 것으로 조사되었다.

어릴 때 딸은 자연스럽게 친구 집으로 놀러 가기도 하고, 친구를 집에 데려오기도 했다.

"너는 친구들하고 놀 거 다 놀고 언제 공부하니? 숙제는 하고 노는 거지? 뭐? 안 했다고? 너 엄마 말이 우습니? 이게 지금 몇 번째야? 엄마 미치는 거 보고 싶어?"

이런 말도 안 되는 꾸중을 들은 뒤, 딸은 혼자 다녔다. 그때 딸은 겨우 초등학교 5학년이었다. 반실성한 사람처럼 울면서 딸에게 소리 지른 그날은, 대졸 후배가 김 과장보다 먼저 승진한 날이기도 했다.

능력도 운발이다

김 과장이 아직 여고생 티를 벗지 못했던 신입 시절, 교육팀에서 20년 넘게 일하신 한 부장님은 이렇게 푸념했다. 자기 앞에 누가 있는지 알면서 하는 하소연인지, 아무도 없다고 생각하고 하는 속 편한 혼잣말인지 모를 말이 그의 입에서 절뚝거리며 나왔다.

"세상에서 젤 무서운 놈이 운발 좋은 놈이야. 실력만 있어선 운 좋은 놈을 절대 이길 수 없어."

한 부장님은 알고 있었다. 실력과 운이 함께 해야 한다는 것을. 그러나 한 부장님의 말씀에는 모종의 불만이 서려 있었다. 실력은 자신의 책임이지만, 운은 자신의 책임이 아니다, 따라서 자신의 책임이 아닌 운이 자기에 대해 뭔가를 결정하는 건 옳지 못하다. 한 부장님은 운을 자기가 어떻게 할 수 없는 것이니 경계하거나 우려스러운 것으로 보고 있었다. 반면, 마이클 샌델은 행운 덕분에 우리가 감사와 겸손을 잃지 않을 수 있다고 한다. 그러나 능력주의에 취한 사람들은 오직 자신의 힘으로 얻은 결과라는 생각에 공동체나 신 또는 행운에 대해 이야기하면 마치 원시인을 보듯 말한다는 것이다.

"공동체? 신? 행운? 에이~ 당신은 지금 어느 시대에 살고 계신 건가요?"

그들은 자기 외에 그 어떤 것도 자신의 능력에 손댈 수 없다고 과잉 신뢰한다. 따라서 그들은 공동체 등에 대한 감사와 겸손함을 잃어버리고 오만해질 수밖에 없는 것이다.

그러나 어떤 사람이 좋은 부모를 만나 좋은 DNA를 물려받은 건 그의 실력으로 이룬 성과일까? 우수한 DNA가 잘 자랄 수 있는 교육 환경에 그가 있었던 것은 그의 실력 때문에 가능한 것일까? 공부하는 재능을 특히 우수한 것으로 인정하는 사회에 태어난 것은 그의 실력이 만든 결과일까? 축구나 노래 등 특별한 몇 가지 재능에 수백억 원이 몰리는 것은 단지 그의 실력 때문만 일까? 이 모든 것이 적절하게 잘 맞아 돌아간 것은 정말 그의 실력일까?

김 과장은 자기 삶 전체를 돌아보았다. 태어난 순간부터 지금까지 단 한순간도 자기가 모든 걸 관리하고 책임진 적이 없었다는 걸 깨닫는 데는 긴 시간이 필요하지 않았다. 부모님 덕분에 태어났다. 아플 땐 병원과 의사가 있었다. 학교엔 선생님과 교과서가 있었다. 학교까지 가는 길은 잘 포장되어 있었고, 외출할 땐 버스나 지하철 등 대중교통을 손쉽게 이용했다. 시장에는 많은 물건이 차고 넘쳤다. 이 모든 것들이 척척 잘 돌아가서 내가 지금까지 배우고 성장하고 먹고살았다는 사실을 김 과장은 도저히 부정할 수 없었다. '나는 이 모든 것에 대해 내 실력으로 번 돈을 냈기 때문에 이것들을 마땅히 누려야 할 권리가 있다'고 주장할 만한 뻔뻔함도 김 과장에겐 없었다.

마이클 샌델은 능력주의 역시 운에 기초하고 있다며 문제를 제기한다. 특히, 노동시장에서 임금이 결정되는 방식은 도덕적인 가치판단에 의한 것이 아니라, 수요와 공급의 일치라는 우연한 결과에 따른 것이기 때문이다. 그럼에도 불구하고 우리는 임금이 능력에 따라 주어진 보상이기에 적절하고 타당하게 결정되었을 거라 치부한다. 더 정확히 말하자면, 내가 받는 돈이 능력주의에 기초한 회사 규정을 근거로 산출된 것이기에, 다른 사람들이 받는 돈도 나름 합리적으로 결정되었으리라 믿고 더 이상 심도 있는 논의를 하지 않는다. 가끔 누군가 천문학적 연봉을 받는다는 뉴스가 뜨면 자기 연봉과 비교하고 한없이 부러워할 뿐이다. 어떤 이유로 그가 그렇게 많은 돈을 받게 되었는지, 그것이 정말 그의 능력만으로 거둔 성취인지에 대해선 별로 생각하지 않는다.

마이클 샌델은 자유시장경제의 대부 격인 하이에크의 말을 인용해 경제적 보상과 도덕적 자격이 아무 상관 없다는 점을 강조한다.

애당초 경제적 보상과 개인의 능력, 도덕적 자격은 전혀 무관하다고 봐야 한다. (…) 이 가치는 수요와 공급의 우연한 일치점에 따라 좌우된다. (…) 하이에크는 그런 주장을 뒷받침하기 위해 "내가 가진 재능이 우연히 사회에서 높은 가치를 쳐주는 재능인 것은 나의 노력의 결과가 아니며 도덕적 문제도 아니다. 단지 행운의 결과일 뿐이다"라고 말한다.

마이클 샌델은 이러한 능력주의 신화가 부모와 학생에게 미친 영향이 매우 크다면서, 다음과 같은 2009년 11월 〈타임〉의 표지 기사를 소개한다.

"과잉 부모 노릇의 폐해: 엄마 아빠는 왜 이제 잡고 있던

줄을 끊어야 하나." 기사는 다음과 같이 표현한다. "우리는 아이들의 성공에 너무 집착하게 되어버렸다. 그래서 부모 노릇이라는 게 마치 어떤 생산물의 생산 과정처럼 되고 말았다."

'부모 노릇이 마치 어떤 생산물의 생산 과정처럼 되고 말았다'에서 김 과장은 말문이 막혔다. 몰입해서 봤던 드라마 '스카이캐슬'이 생각났다. 김 과장 자신도 드라마에 나오는 사람들에게 뭐라 비난할 처지가 아니었다. 자신 역시 능력주의의 위력에 눌려 딸을 연봉 많이 받는 생산품으로 만들고 싶었던 것은 아니었을까. 이어지는 문장은 이것이 김 과장 개인 문제에 그치지 않다는 걸 알려주었다.

비록 여러 사회에서 지난 수십 년 동안 한결같이 부모의 개입이 심해지긴 했으나, 가장 심했던 곳은 불평등이 가장 크게 두드러진 곳이었다. 가령 미국, 한국 같은 나라였다.

그렇다면 한국 같은 나라는 어떤 나라일까

김 과장은 회사 화장실에서 '지잡대'라는 말을 들었다. 신입 직원들이 인사팀 누구누구를 가리키며 "지잡대 출신이야"로 말을 끝내는 걸 들은 것이다. 김 과장은 급하게 검색해 봤다. 지잡대의 뜻은 '지방에 있는 잡스러운 대학'이었다. 검색 결과에는 이런 글들도 보였다. "저희 학교는 지잡대인가요?", "수시 반수해서 지잡대", "지잡대 대학생 도와주세요." 학력에 따른 사회적 차별을 온몸으로 인정하는 글들이었다.

'대학도 다 같은 대학이 아니구나. 대학도 지잡대가 있구나. 그러니 나 같은 고졸은 저들 눈에 어떻게 보일까.' 김 과장은 꼬리에 꼬리를 물고 이어지는 나쁜 이야기를 끊기 어려웠다. 그저 부끄러워 숨고만 싶었다.

능력주의에 사로잡힌 사람들은 신입 직원들만이 아니었다. 김 과장은 공공의대 설립에 대해 찬반 의견이 날카롭게 부딪히던 어느 날, 친구가 보낸 이미지 한 장을 또렷이 기억해 냈다.

당신의 생사를 판가름 지을 중요한 진단을 받아야 할 때,
의사를 고를 수 있다면 둘 중 누구를 선택하겠습니까?

매년 전교 1등을
놓치지 않기 위해
학창 시절 공부에
매진한 의사

성적은 한참 모자르지만
그래도 의사가 되고 싶어
추천제로 입학한
공공의대 의사

이건 학교 성적과 의사로서의 역량이 정비례한다는 전제가 깔린 이미지이다. 놀라운 건, 이 이미지가 국민들을 대상으로 만든 홍보용이었다는 사실이다. 공공의대에 반대하는 사람들은 이 이미지를 널리 알리면 국민들이 자신들의 편을 들어줄 것이라 믿은 모양이다. 이들은 능력주의에 단단히 취해있었다. 시험에서 더 많은 문제를 맞힌 사람은 어떤 직업을 갖던지 상관없이 그의 능력을 든든하게 받쳐주는 객관적 증거라고 여기는 것이다. 이런 논리라면, 앞으로 AI가 장착된 로봇이 가장 우수한 의사가 되는 날이 곧 올 것이다. 로봇은 그 어떤 문제도 틀리지 않기 때문이다. 김 과장인 더 놀랐던 것은, 저 이미지를 만든 사람들이 사람의 생명과 몸을 다루는 의사라는 점이었다. 김 과장은 저런 생각을 가진 의사들은 정말이지 극소수이길 바랐다.

대한민국엔 이런 뉴스도 있었다. '학력에 의한 차별은 합리적이기 때문에 지금 논의 중인 차별 금지법에서 빼야 한다'는 주장을 다름 아닌 교육부가 했다는 것이다. 교육부는 '학력'은 '성', '연령', '국적', '장애' 등과 같이 통상 선천적으로 결정되는 부분이 아니라는 것을 그 이유로 밝히면서, 아울러 학력은 개인의 선택과 노력에 따라 상당 부분 성취의 정도가 달라진다는 점에서 합리적 차별로 보는 경향이 강하다고 법률안 검토의견서에 적어 냈다.

교육부의 주장이 맞는지 확인하려면 어떻게 해야 할까. 플라톤이 《국가》에서 상상한 이상적인 국가가 되면 가능할지도 모르겠다. 그 국가에서는 어떤 부모도 자기 자식을 모르고, 어떤 자식도 자기 부모를 모르는 상태에서 국가가 전적으로 책임지는 공교육이 실시된다. 부모의 사회적 지위, 출신 지역, 재산 등 학생을 판단하는데 방해가 될 만한 것을 모두 없앤 것이다. 그 나라의 공교육은 음악, 체육, 시, 수학, 철학 등 다양한 관점에서 실시된다. 물론 사교육은 있을 수가 없다. 지금 우리나라에서 이런 공교육이 실시되고 있나? 교육부가 저런 주장을 하는 걸 보면 플라톤식 공교육이 우리나라에서 이미 실시되고 있는지도 모른다고 김 과장은 비꼬았다. '하여튼 한국은…'

일의 존엄성

우리가 여러 다른 일들 사이에서 무엇을 더 높이 평가하는지에 대한 재고가 있어야 한다. (…) 배관공이나 전기기술자, 치과위생사 등이 되는 법을 배우는 일은 공동선에 기여하는 훌륭한 과정으로 존중받아 마땅하다. SAT 점수가 낮은 사람이나 아이비리그 대학에 갈 만한 재력이 없는 사람이 울며 겨자 먹기로 선택하는 과정으로 여길 게 아니라 말이다.

'나는 어떤 일을 높이 평가해 왔을까?' 김 과장은 생각했다. 마이클 샌델의 말처럼 공동선에 기여하는 일이었을까, 아니면 돈을 많이 주는 일이었을까. 답하는 데는 긴 시간이 필요치 않았다. 우리나라에서 공동선에 기여하는 중요한 일들에 대한 보상과 사회적 인식이 매우 낮다는 걸 부정하는 사람이 과연 있을까. 공동선에 기여하는 중요한 일이라고 하니까, 김 과장은 자존감이 떨어질 때로 떨어졌던 지난여름 배웠던 귀한 삶의 의미가 생각났다.

체감온도 40도를 오르내리는 한여름, 김 과장은 음식물 쓰레기를 내놓을 때마다 코를 틀어막고 오만상을 썼다. 며

칠 묵힌 음식물 쓰레기는 썩은 물이 되어 뚝뚝 떨어졌다. 한 손엔 쓰레기통을 들고, 다른 한 손으론 코를 막는 자기 모습이 영 처량했다. 골목에 쌓인 쓰레기들이 회사에서의 자기 모습 같기도 했다. 썩은 물이 된 고등어는, 한 달 전만 해도 동해 바다를 누볐을 생명이었다. 나 역시 꿈 많고 에너지 넘치는 생명이었다.

사람이 사는 일 중 먹는 것이 8할이요, 그 먹는 것 중 8할은 다른 생명체의 몸이다. 김 과장은 '내가 저들을 씹고 삼킬 자격이 있을까'하는 생각이 들 정도로 위축되어 있었다. 이렇게 잔뜩 쪼그라들 무렵, 은밀하지만 위대한 에너지가 골목에 등장했다. 이 에너지는 노란색이고 까딱까딱 소리를 낸다. 이윽고, 육중한 쓰레기통이 바퀴에 실려 골목을 누빈다. 음식물 쓰레기를 수거하는 청소 아저씨가 도착한 것이다. 그의 날랜 발걸음은 우리가 사는 모양새를 그대로 빼다 박은 쓰레기를 향해 두려움 없이 나아간다. 뚜벅뚜벅 다가가 번쩍 들어 올린다. 원래 두 명이 하던 일을 지금은 한 명이 한다. 운전대를 놓자마자 급히 내린 무심한 표정과 손놀림은 그래서 두 배 이상 무심하고 분주하다. 아저씨는 온몸으로 삶과 일에 대해 말하는 것처럼 보였다. 삶은 원래 힘든 거라고, 우리가 특별히 뭘 잘못해서 힘든 게 아니라고. 그러니까 살아내라고. 자책하기엔 삶이 너무 짧고 아름답다고. 이왕이면 내 삶이 누군가를 먹이고 살리는 삶이 되면 좋지 않겠냐고.

김 과장은 죽비로 등짝을 맞은 듯 정신을 차렸다. 아저씨는 아무 말 없이 다시 차에 올랐다. 트럭은 좁은 골목을 10미터쯤 비집고 내려갔다. 아저씨의 일은 계속됐다. 가로등 아래 비친 그의 움직임이 마음 한가운데 걸작처럼 걸렸다.

마이클 샌델은 능력주의가 일의 존엄성을 깎아내리고 있다고 진단한다. 그는 일이란 경제인 동시에 문화이며, 생계를 꾸리는 방법이자 동시에 사회적 인정과 명망을 얻는 원천이라고 말한다. 자기가 하는 일이 더 이상 사회적으로 존중받지 못할 때, 불만과 증오는 커질 수밖에 없다. 어쩌면 이것이 우리 삶을 팍팍하게 만드는 더 큰 원인일지 모른다고 김 과장은 생각했다.

우리가 기여하는 것의 진짜 가치는 우리가 받는 급여액으로 판단할 수 없다. 급여액은 수요와 공급의 우연적 상황에 좌우되기 때문이다. 기여분의 참된 가치는 우리 노력이 향하는 목표의 도덕적, 시민적 중요성에 달려 있다.

김 과장은 스스로에게 물었다. 자신의 노력이 향하고 있는 목표는 무엇이냐고. 그 목표는 도덕적, 시민적 중요성이 있는 것이냐고. 꿀 먹은 사람 마냥 침만 꼴깍 넘겼다. 평생 대학교에서 환경미화원으로 일해 오신 엄마 얼굴이 떠오른 건 왜인지 모르겠다. 엄마는 우리나라에서 제일 똑똑한 아이들이 공부하는 곳을 청소하신다며 자랑스러워하셨다. 강의실이 깨끗해야 학생들이 건강하고, 건강하고 똑똑한 학생들이 우리나라를 더 건강하고 똑똑하게 만들 수 있지 않겠냐며 특유의 입담을 발휘하시곤 했다. 엄마의 목표는 분명 도덕적, 시민적 중요성에 향해 있었다. 그러면서도 공부 잘했던 딸을 대학에 보내지 못한 것에 대해선 잠시 말을 끊는 것으로 혹은 조용히 자리를 떠나시는 것으로 대신 답했다.

장벽을 허무는 일은 좋다. 누구도 가난이나 편견 때문에 출세할 기회를 빼앗겨서는 안 된다. 그러나 좋은 사회는 '탈출할 수 있다'는 약속만으로 이루어지지 않는다.

"저렇게 불공평하고 참혹한 곳에서 어떻게 탈출하셨나

요? 비결이 뭔가요?"

누가 만든 말인지는 모르겠지만, 우린 내 나라를 헬조선이라고 부른다. 지옥 같은 곳에선 하루라도 빨리 탈출하는 게 답이다. 그래서 우리는 멋지게 탈출한 사람들에게 탈옥의 성공 비결이 뭐냐고 앞다투어 질문하고 있다. 이유는 모르겠지만 정답은 늘 공부였고, 좋은 대학이었다. 그래서 우린 받아 적은 비법을 우리 아이들에게 그대로 따라 하라고, 그럼 저 사람처럼 탈출할 수 있다고, 그러니 제발 엄마 말 믿고 열심히 공부만 하라고 했다. 학력 때문에 수모를 당한 날이면, 엄마처럼 살지 말라는 말까지 덧붙였다.

그러나 탈출해야만 하는 사회는 좋은 사회가 아니다. 탈출하지 못한 사람들을 보면서 '저들은 당해도 싸다'고 생각하는 사람을 그 사회에서 '성공한 사람'이라고 부를 순 없다. 비록 있어 보이는 일도 아니고 받는 돈도 적지만, 나라가 나라 꼴을 갖추려면 꼭 해야만 하는 일들이 있다. 그런 일들을 오늘도 묵묵히 해내고 계신 분들이 우리나라엔 너무나도 많다. 우리가 줄 수 있는 사회적 인정과 성공의 명예가 있다면 그분들께도 돌아가야 한다. 나아가 그

분들이 사회적 공헌에 걸맞은 삶을 누릴 수 있도록 국가가 나서야 한다. 그분들의 몫을 시장에만 맡겨선 안 된다. 시장은 이미 권력과 편법으로 기울어져 있기 때문이다. 국가가 나서서 그만한 보상을 해야 한다. 그런 사회가 건강하고 똑똑한 사회다.

김 과장이 여기까지 생각했을 때, 엄마로부터 전화가 왔다. 오늘 함께 하기로 한 저녁을 내일로 미루자고 하신다. 그러고는 같이 일하시던 아주머니께서 청소하시던 학교 건물에서 돌아가셨다며 우셨다. 이 더운 날, 엘리베이터도 없는 4층 건물을 혼자 청소하셨단다. 코로나가 생기면서 그 건물에서만 매일 100리터짜리 쓰레기봉투가 6개 넘게 나왔단다. 엄마는 언젠가 당신이 청소하는 건물 이름이 영어로 뭐냐, 한자로는 어떻게 쓰냐고 어둡고 무겁게 물어보신 적이 있다. 돌아가신 분이 청소하시던 건물 이름도 함께.

이 일은 뉴스에 연일 보도되었다. 진실 공방이 이어졌다. 그러다가 언제나 그렇듯 뉴스에서 사라졌고, 이내 우리 기억 속에서 잊혀졌다. 엄마는 몇 날 며칠을 앓아누우셨다. 못 배우고 힘없는 사람들이 뭐 어쩌겠냐며 학교에 대한 서운함과 배신감이 잔뜩 서린 한숨을 내뱉으셨다. 일에 대한 자부심과 감사함은 사라졌다. 김 과장은 엄마의 모습에서 자신의 모습을 봤다. 약한 사람들은 늘 저렇게 뒤에서 한숨만 뱉을 뿐이다. 저래서는 능력주의에 취한 사람들과 싸울 수 없다.

다음 날, 김 과장은 총무팀장을 찾아갔다. 그 누구의 일도 아닌 업무들을 나열했고, 그 업무를 자신이 얼마나 오래, 어떻게 해 왔는지 차근차근 설명했다. 그리고 이에 대한 합리적인 보상이 있어야 한다는 것과 앞으로 누가 어떤 방식으로 해당 업무를 해야 할지에 대한 자신의 생각도 분명하게 밝혔다. 이와 함께 회사의 임금 보상 규정에서 학력에 의한 차별 내용을 삭제하도록 요청했다. 그렇게 하지 않을 경우 다양한 경로를 통해 이를 개선하기 위한 운동을 하겠다며 살짝 떨리면서도 단호한 목소리로 말했다. 총무팀장은 김 과장의 의견을 조용히 받아 적었다. 그는 다음 달에 예정된 임원 회의에서 김 과장이 제기한 문제들을 제1 안건으로 다루겠다고 약속했다.

장하준

《장하준의 경제학 강의》

한탕에 빠져 투자했다
많은 돈을 잃었다

해당 본문 내용 중 일부는 **장하준 저, 김희정 역, 《장하준의 경제학 강의(부키)》**에서
인용하였음을 밝힙니다.

스마트폰을 실눈으로 몰래 보다가 갑자기 깊은 한숨을 쉰다면, 그 사람은 분명 주식시황판을 봤을 겁니다. 쥐꼬리 같은 월급, 열심히 일한 자신을 벼락 거지로 만들어버린 아파트값은 회사원들을 점점 더 주식투자에 빠져들게 만듭니다.

사람들은 점점 더 '돈'을 바라보고 삽니다. 어떻게 돈을 벌어야 하는지 묻는 사람은 많지만, 돈을 왜 벌어야 하는지에 대해 묻는 사람은 적습니다. 돈은 많으면 많을수록 그냥 좋은 것이지 나쁠 게 뭐냐고 반문하기도 합니다. 이제 돈은 '왜'라는 질문을 초월한 절대 목적이 되었습니다.

《장하준의 경제학 강의》를 집은 양 대리도 마찬가지입니다. 돈을 좇다가 돈을 왕창 잃게 된 양 대리는 돈을 잘 버는 법을 공부하기 위해 이 책을 잡았습니다. 적을 알아야 승리할 수 있으니까요. 과연 양 대리는 경제학을 통해 돈 버는 법을 배우게 되었을까요? 우리는 왜 돈을 벌어야 할까요? 도대체 경제학은 무엇을 위한 학문일까요?

파이어족

양 대리는 예비 파이어족이다. 파이어fire? 아하, 해고되었단 뜻이군! 젊은 사람이 안 됐네. 요즘 세상에 웬만해선 해고되기 쉽지 않은데, 성격이 보통 아닌가 봐? 이렇게 생각했다면 빨리 구글 신을 찾아뵙길 바란다. 구글 신 가라사대 파이어족이란, 경제적 자립을 통해 빠른 시기에 은퇴하려는 사람들을 뜻한단다. 그럼 왜 하필 '파이어(FIRE)'냐? '경제적 자립, 조기 퇴직(Financial Independence, Retire Early)'의 첫 글자를 따서 그렇단다. 해몽을 붙이자면, 파이어족은 무의미하고 타락한 일터에서 자기를 빨리 해고하기 위해 불같이 진격하는 종족을 말한다. 이렇게 놓고 보니, 말을 찰지게 잘 만들었구나 싶다.

양 대리는 지금 32살이다. 39세 조기 은퇴를 목표로 29살부터 시작해 3년 넘게 착실하게 준비 중이다. 양 대리도 처음부터 파이어족을 꿈꿨던 건 아니었다. 평생직장까진 아니더라도, 회사에 그럭저럭 적응해 오래 다니고 싶었다. 그런 그를 파이어족으로 만든 2가지 큰 사건이 있었다. 하나는 신입사원 교육 때 예수님과 부처님 그리고 공자님 말씀을 합쳐 기업의 사회적 책임과 감동 경영을 소리 높여 웅변했던 대표이사가 분식회계로 법정구속된 사건이었다. 그때 느낀 배신감은 이루 말할 수 없었다. 저분을 평생 멘토로 삼아 충성해야겠다고 다짐했던 일은 양 대리의 순진무구함을 증명하는 에피소드로 전락해버렸다.

다른 하나는 가장 존경했던 선배가 억울하게 퇴사한 사건이었다. 교육을 준비하던 선배는 떨어진 천장 마감재 때문에 어깨를 심하게 다쳤다. 회사의 회유로 산업재해 신청을 하지 않았던 선배는 실비라는 명목으로 턱없이 모자란 병원비 일부만 받았다. 선배는 지금까지 후유증에 시달리고 있다. 어느 날, 모 기업에서 퇴직한 사람이 본부장으로 왔다. 그는 소위 학연 경영을 했다. S대 경영학과 아니면 승진할 수 없단 소문이 자자했다. 선배는 S대가 아니었다. 높은 성과에도 불구하고 번번이 승진에서 미끄러진 선배가 그 이유를 따졌다. 돌아온 답변은 선배의 뒤통수를 있는 힘껏 때렸다.

"당신은 어깨 후유증 때문에 팀장 업무를 성실하게 볼
수 없잖아, 안 그래?"

구글처럼 승진하고 싶은 사람이 손드는 제도가 있었다
면 제일 먼저 손을 들었을 선배다. 자신을 팀장으로 스스
로 추천할 수 있다는 건 업무능력과 동료들의 적극적인
지지가 없으면 불가능한 일이다. 그 정도로 선배는 업무적
으로나 인간관계에 있어 어느 한구석 흠잡을 곳이 없었
다. 그런 선배가 결국 쓸쓸하게 조기 퇴직을 선택했다. 송
별회를 겸한 회식이 끝난 후, 선배는 양 대리를 따로 불렀
다. 선배로서 차마 못 할 말이라면서, 선배는 회사 마지막
날의 첫 마디이자 마지막 말을 뗐다.

"조직에 충성하지 마. 네 인생에 충성해."

그날 이후 양 대리는 심장 깊숙한 곳에 파이어족이란
문신을 새겼다. 다른 말로는 '내 인생에 충성하자!'였다.
조기 은퇴를 결심한 데에는 훌륭한 선배가 저렇게 초라한
모습으로 나갈 정도라면, 나는 뼈도 못 추리겠다 싶은 자

신감 걸여도 한몫했다. 그러나 무엇보다 지금 하고 있는 일이, 그리고 앞으로 해야 할 일들이 나를 나답게 살도록 만드는데 전혀 도움 되지 않을 것 같아서였다.

회사 일을 거듭할수록 양 대리는 영화 〈모던 타임즈〉의 한 장면이 현실처럼 느껴졌다. 영화 속 찰리 채플린과 늙은 작업반장은 탱크처럼 큰 기계에서 일한다. 찰리의 실수로 늙은 작업반장은 기계 속으로 빨려 들어간다. 목만 간신히 밖으로 나온 상황. 작업반장을 꺼내기 위해 찰리는 그의 지시에 따라 레버를 당겨 보기도 하고 멈춰 보기도 한다. 그러다가 "뿌-우" 신호가 울린다. 신호에 맞춰 찰리 채플린은 갑자기 어디론가 가버린다. 마치 기계에 낀 작업반장의 안전 따윈 전혀 신경 쓰지 않는다는 듯 말이다. 그가 그렇게 한 데에는 그만한 이유가 있다. 점심시간이기 때문이다. 찰리는 기계에 낀 작업반장과 함께 점심을 먹는다. 양 대리는 기계에 낀 채 점심을 먹는 모습이 영 남의 일 같지 않았다. 하루라도 빨리 회사를 나가는 것이 정답처럼 생각됐다.

이제 8년 남았다. 딱 8년만 꾹 참고 은퇴 자금을 모아보자. 먹을 거 안 먹고 입을 거 안 입으면서 허리띠 졸라매면, 조기 은퇴 자금 5억을 모을 수 있었다. 양 대리는 이를 5억 프로젝트라고 불렀다. 5억 프로젝트는 3N3Y 전략으로 요약된다.

3N은 절대 하지 말아야 할 것 세 가지로 연애, 자동차, 음주다. 이 세 가지는 돈 먹는 하마다. 연애는 돈과 시간 그리고 삶의 에너지까지 빡빡 긁어 넣어야 한다. 생일, 만난 지 100일 등 쓸데없는 기념일 외에도 영화, 외식, 추억 만들기에도 돈이 계속 들어간다. 어디 돈뿐인가? 사랑은 시간을 또 얼마나 잡아먹던가? 투자 공부할 시간도 부족한데 여자 비위 맞춰가며 어디 갈까, 뭘 먹을까 노닥거릴 시간이 어디 있는가? 그래서 양 대리는 5억 프로젝트를 시작하면서 1000일을 채웠던 여자 친구와 헤어졌다. 그동안 연애에 들어간 돈이 무려 1,845만 원이라고는 말하지 않았다.

자동차를 굴리는 건 사람이 아니었다. 돈이었다. 주유비는 애교다. 취등록세, 보험료, 주차비, 사고처리비, 기타 유지비 등 자동차는 돈으로 포장된 도로를 달렸다. 투자를 하려면 종잣돈이 필수인데, 자동차는 몇 년 모은 목돈을 한입에 털어 넣었다. 양 대리는 자동차야말로 조기 은

퇴에 가장 큰 적이라고 생각했다. 그래서 타던 차를 팔아 투자 자금에 보탰다.

술은 백해무익하다. 돈과 시간, 게다가 건강까지 해치는 몹쓸 놈이다. 설상가상으로 양 대리는 '오늘은 내가 쏜다'를 외치는 주사가 있다. 친구들은 그 점을 교활하게 이용해 먹었다. 다음 날 술김에 한 말이라며 아쉬운 소리를 하는 것도 한두 번이지, 이젠 팔릴 체면도 없을 지경이다. 하지만 이 정도는 약과다. 술이 양 대리에게 주는 가장 큰 위험은 어느 순간부터 정신을 잃게 만든다는 것이다. 보통 기분이 안 좋을 때 술을 찾고, 그러면 폭음을 하곤 했다. 폭음은 양 대리로 하여금 길거리에서 편히 자도록 했는데, 그 결과는 불편하기 그지없었다. 머리를 심하게 다쳐 응급실에서 십여 바늘을 꿰맨 일까지 있었다. 양 대리는 이대로 살다간 회사가 아니라 인생 자체를 조기 은퇴하게 될 것 같아 술을 끊었다.

3Y는 꼭 해야 할 것 세 가지로, 정기적금, 주식투자, 부동산투자다. 불혹의 나이 사십엔 그 이름에 걸맞게 세상에 흔들리지 않고 좋아하는 일만 골라 할 수 있는 청산에 살리라! 투자를 하기 위해 가장 필요한 건, 역시 돈이다.

돈을 모으기 위해서 가장 쉬운 방법은 비용부터 줄이는 것이다. 이를 위해 양 대리가 제일 먼저 한 일은 부모님 집으로 들어가는 것이었다. 독립해 따로 살면 숨만 쉬고 눈만 깜빡거렸는데도 청구서가 날아들었기 때문이다.

부모님과 함께 살면 경제적으로 좋은 점이 한두 가지가 아니다. 먼저 월세 60만 원을 아낄 수 있다. 부모님께 생활비로 30만 원을 드려도 30만 원이 남는다. 이 돈을 1년 모으면 360만 원이고, 39살까지 계속하면 원금만 2,880만 원이다! 게다가 전세금 5천만 원으로는 지켜보던 알짜 종목에 투자할 수도 있다. 급할 때 아버지 자동차를 쓸 수 있고, 부모님 잔소리 덕분에 하게 되는 타율적 바른 생활은 덤이다. 부모님께서는 5억 프로젝트와 3N3Y 전략을 무표정하게 들으셨다. 그러곤 대견함 반, 안타까움 반으로 양 대리를 거두어 주셨다.

오늘도 하한가를 맞았다

3일째다. 57,000원짜리 주식이 19,550원이 되었다. 코로나 임상 성공이 눈앞이라는 친구 말에 차 판 돈과 전세금을 모두 투자한 것이 후회막급이다. 계란을 한 바구니에 담지 말라는 투자의 ABC조차 지키지 않았던 것이다. 장밋빛 투자 결과만 보고 군침 흘리기에 급급했다. 욕심에 눈이 먼 뇌는 아무것도 걱정하지 말라며 활짝 웃었다. 확 앞당겨진 조기 은퇴를 떠올리며 뭘 할지나 고민하라고 했다. 보란 듯 사표를 던지고 멋지게 손 하트를 날리며 회사를 나올 생각을 하니 온몸에 전율이 돌았다. 그러나 현실은 정반대. 성공의 전율 대신 실패의 공포와 절망이 온몸을 감쌌다. 발끝까지 벌벌 떨렸다. 수익률 마이너스 65.7%. 투자 원금은 3분의 1 토막 났고, 양 대리의 마음은 천 토막 만 토막 났다.

지푸라기라도 잡는 심정으로 투자 카페를 뒤졌다. 이런저런 소문이 무성했다. 소문에 따라 욕망이 다시 일어나나 싶더니, 또 돈을 잃을지도 모른다는 두려움에 풀썩 주저앉았다. 답답했다. 아무리 읽어도 뾰족한 답이 없었다. 그래프가 요란할수록 마음은 더 시끄러워졌다. 그러다가 누군가 예전에 쓴 글 하나가 눈에 띄었다.

'주식 고수의 뼈 때리는 한 마디, 경제학의 기본도 모르면서 주식 투자한다고?'

글쓴이는 15년 동안 주식투자를 했단다. 경제학을 전혀 모르는 상태에서 그저 소문과 자신의 실패 경험에서 얻은 직관만 믿고 투자했는데, 산전수전 모두 겪고 난 뒤 얻은 결론은 기본으로 돌아가라는 평범하다 못해 식상한 원칙이었다고 한다. 그럼 기본이 뭐냐? 먼저 주식시장 전체를 둘러싸고 있는 경제 환경을 이해할 필요가 있다고 했다. 그는 안정적인 투자를 하려면 매일 바뀌는 경제 변수들을 가지런하게 읽어낼 수 있는 침착한 눈이 필요하다고 했다. 그에게 그 눈은 바로 경제학이었다. 주식고수는 대학에서 교재로 사용하는 두껍고 어려운 경제학 교과서는 추천하지 않았다. 잘 읽히고 이해하기 쉬운 베스트셀러가 오히려 투자에 도움이 되었다고 했다. 밑지는 셈 치고 양 대리는 그가 추천한 책 중에서 《장하준의 경제학 강의》를 읽어 보기로 했다.

아직도 경제만 따로 공부해

양 대리는 충격에 빠졌다. 주식투자에 도움이 된다고 해서 집어 든 경제학 책에 경제가 없었기 때문이다. 페이지마다 날카롭게 정리된 수식과 알록달록한 그래프를 기대했는데, 이 책엔 그런 것들이 없었다. 숨은 경제 비법을 통해 자신을 투자 고수로 거듭나게 만들어 줄 책이 아니었던 것이다. 장하준 교수는 프롤로그에 이 책의 목적을 아래와 같이 밝혀놓았다.

> 우리에게 필요한 것은 다양한 경제학적 논쟁이 존재한다는 것을 인식하고, 특정 경제 상황과 특정 도덕적 가치 및 정치적 목표하에서는 어떤 경제학적 시각이 가장 문제 해결에 도움이 되는지를 판단할 수 있는 비판적 시각을 갖출 수 있도록 경제학을 배우는 일이다. (여기서 '어떤 경제학적 시각이 정답인지'라는 표현을 쓰지 않았다는 것을 주목해 주기 바란다.)

 괄호 안을 읽고 양 대리는 책을 던져버렸다. 자신은 바로 그 정답을 찾기 위해 이 책을 샀는데, 괄호 안에 드러난 저자의 생각은 정답 따윈 애초부터 없다는 소리로 들렸기 때문이다. 화가 났다. 주식투자에서 잃은 돈을 만회하고자 처음 시작한 일부터 자기 마음대로 되지 않았다. 이 책을 추천했던 투자 고수는 도대체 무슨 생각으로 그랬을까. 나는 또 속은 걸까. 양 대리는 자기 귀를 잡아당겼다. 팔랑 귀를 스스로 처벌한 것이다. 그의 귀는 빨갛게 비명을 질렀다.

양 대리는 자신도 모르게 상상 속 장하준 교수(이하 짱 교수)에게 볼멘소리를 냈다. 질문하는 사람도, 대답하는 사람도 같은 사람이었지만, 대화는 심각하고 치열했다.

양 대리 교수님, 경제학에 등장하는 숫자들도 정답이 아니란 겁니까?

짱 교수 경제학에 등장하는 숫자들은 특정한 관점을 가진 누군가가 규정한 겁니다. 흔히 생각하는 것처럼 절대적이고 객관적이지 않습니다.

양 대리 객관적이지도 않은 경제학은 그럼 도대체 뭡니까? 뭘 설명하는 거죠?

짱 교수 아주 유명한 경제학 책 중 어떤 것은 경제학이 '인생, 우주, 그리고 모든 것'에 관한 궁극적 질문을 다룬다고 했습니다. 놀랍지 않습니까? 이런 오만불손한 태도가! 그러나 경제학은 도덕적 가치판단과도 연결되어 있고 정치와도 밀접한 관계가 있습니다. 도덕적 판단은 상황에 따라 달라집니다. 살인은 절대 안 되지만 전쟁이나 정당방위 같은 상황에선 허용되죠. 그런데 이런 상황이란 것이 수도 없이 생겼다가 사라지는 게 인생살이 아닙니까?

정치는 또 어떻고요? 수천만 명 또는 수억 명이 사는 국가에서 거미줄처럼 서로 엮인 이해관계를 두부 썰 듯 깔끔하게 조정할 수 있을까요? 최저임금만 봐도 알 수 있잖아요. 최저임금을 아주 조금만 올리더라도 노동계와 기업계는 전쟁처럼 싸웁니다. 다음 날 아침 신문에 편의점 주인과 아르바이트생들의 구구절절한 사연들이 팽팽하게 맞섭니다. 그러면 정치인들은 그때마다 양쪽을 달래기 위해 또 뭔가를 합니다. 이런 크고 작은 갈등들을 조정하고 새로운 대안을 만들어나가는 과정이 정치죠. 그런데 그렇게 결정된 정책들은 경제에 엄청난 영향을 미칩니다. 상속세, 소득세 등 세금 정책이 대표적이죠. 도덕 그리고 정치와 이렇게 딱 달라붙어 있는 경제를 어떻게 따로 떼어내야 할까요? 인간의 욕망과 밀접한 경제가 과연 인생, 우주 그리고 모든 것에 대한 정답을 내놓을 수 있을까요? 저같이 머리 나쁜 사람은 도무지 알 수가 없습니다.

양 대리 아니 교수님! 경제학은 인간의 합리적 선택에 관해 연구하는 과학 아닙니까? 사람들은 어떤 상황에서도 합리적인 선택을 하려고 경제학을 하는 거잖아요?

짱 교수 그런 식으로 경제학을 설명하는 것은 소위 신新고전학파의 태도입니다. 이들은 현재 경제학계의 주류를 이루고 있습니다. 그러나 경제학은 신고전학파 말고도 많은 학파와

학자들이 있습니다. 대충 크게 정리해도 학파가 9개 정도 됩니다. 이들은 합리적인 선택을 내리는 기준이 모두 달라요. 모든 상황을 단숨에 해결하는 합리적인 선택이라는 것이 도대체 뭘 의미합니까? 우주를 단칼에 평정하는 절대반지는 없습니다.

양 대리 네, 그렇죠. 절대반지는 없죠.

짱 교수 여전히 경제를 정치와 전혀 상관없는 순수한 활동으로 보는 것은 역사를 모르는 처사입니다. 역사를 모르고 자기 주장만 외치는 것은 이미 실패해서 수많은 사람들을 고통스럽게 만들고 죽이기까지 했던 실험을 또다시 하는 셈입니다. 오늘날의 사람들을 대상으로 생체 실험을 하는 것이죠. 아직도 애덤 스미스가 《국부론》에서 딱 한 번 말한 '보이지 않는 손'에 붙잡혀 있는 사람들이 참 많습니다. 게다가 그는 보이지 않는 손을 그 이후에는 크게 부각하지도 않았습니다. 애덤 스미스 시대와 오늘날의 자본주의는 달라도 너무 다릅니다. 자본가의 규모와 성격, 기업 구조, 노동자, 시장, 돈과 금융 시스템 등에서 완전히 달라졌습니다. 아무리 위대한 경제 이론도 어떤 시간과 공간에서만 쓸모 있을 뿐입니다. 우리는 여러 가지 경제학 이론을 그 이론이 적용되는 맥락에 맞게 이해해야 합니다. 자본주의가 어떻게 진화해 왔는지 살펴봐야 하는 것도 바로 이런 이유에서입니다.

양 대리 자본주의의 역사를 공부해야 한다는 것이군요.

짱 교수 네, 그렇습니다. 예를 하나 들어보죠. 오늘날 정상 국가에서 4~5세 어린아이들의 노동을 허용하는 나라가 있나요?

양 대리 예? 4~5살요? 어린이집도 혼자 보내면 안 되는 나이죠.

짱 교수 그렇죠? 하지만 애덤 스미스 시대만 해도 아이들을 고용하는 것이 잘못됐다고 생각하는 사람은 거의 없었습니다. 《로빈슨 크루소》를 쓴 대니얼 디포라는 유명한 작가를 아시지요? 그는 1724년 출간한 《영국 주유기》에서 당시 면방직 산업의 중심지였던 노리치에서는 "4~5세 정도부터 아이들이 모두 자기 먹을 것을 벌 수 있다"라고 감탄하기까지 했습니다. 심지어 어떤 기계는 처음부터 몸집이 작은 어린아이들이 들어갈 수 있도록 설계되었고요.

양 대리는 영화 '설국열차'가 생각났다. 절대 멈춰서는 안 되는 설국열차. 그 열차를 영원히 달리게 하는 엔진. 그러나 그 엔진에는 치명적인 결점이 있었다. 엔진 찌꺼기를 계속해서 청소해야만 하는 것이다. 그걸 할 수 있는 건 몸이 작고 가냘픈 어린아이들뿐이었다. 꼬리 칸에 살던 아이들을 앞 칸으로 계속 불러들여야 했던 이유는 바로 엔진 청소 때문이었다.

모든 인간은 자신이 사는 시대의 자식이라는 말이 있다. 시대마다 도덕적 판단이 다르다. 그 판단에 따라 법은 만들어지고 적용된다. 대니얼 디포가 감탄했던 아이들, 그 아이들만이 일할 수 있도록 만들어진 기계, 그 기계가 움직이면서 발전시킨 자본주의! 자본주의라는 설국열차가 달리고 달려 오늘에 이른 것이다. 그렇다면 오늘날 우리는 어떤 도덕적 판단과 정치적 결정 속에서 자본주의를 움직이고 있을까? 양 대리는 씁쓸해진 기분을 잠시 접어두고, 짱 교수가 하는 자본주의 역사 이야기를 더 들어보기로 했다.

소설보다 더 소설 같은 자본주의 역사

짱 교수 자본주의 역사를 1인당 소득 기준으로 한번 살펴볼까요. 이해를 돕기 위해 서기 1000년에 태어나서 지금까지 살고 있는 어떤 사람이 있다고 상상해 봅시다. 이 사람 이름을 김수한무라고 하죠. 옛날 코미디 프로그램에 등장했던 이름이죠. '수명의 한계가 없다'는 뜻입니다.

양 대리 김수한무? 하하하. 교수님 꼰대 셀프 인증하시네요.

짱 교수 그래요? 그렇다면 거북이와 두루미까진 말하지 않겠습니다. 이 리듬이 은근 중독성이 있어 자동 재생되는데 참겠습니다. 이제 본론으로 들어갑시다. 서기 1000년부터 1500년까지 중세 서유럽의 1인당 소득은 1년에 0.12% 증가했습니다. 이게 무슨 말이냐? 김수한무가 중세 서유럽에서 서기 1000년에 100원 벌었다면, 500년 후 그의 소득은 고작 182원 밖에 되지 않는다는 겁니다.

양 대리 김수한무 씨 불쌍하네요. 500년 일했는데 소득은 고작 82원 늘었다니.

짱 교수 그 후에도 서유럽의 1인당 소득은 거북이처럼 성장합니다. 1500년부터 1820까지 약 320년 동안, 1년에 약 0.14% 정도 성장하거든요. 서기 1000년에 100원 벌었던 김수한무는 1820년 약 285원 정도 버는 셈입니다.

양 대리 820년 동안 소득이 185원 늘었네요, 맙소사!

짱 교수 그렇죠. 그만큼 지금 잘 산다고 하는 서유럽 국가들도 경제 성장이 쉽지 않았다는 겁니다. 그나마 제국주의를 통해 확장된 식민지가 없었다면 훨씬 어려웠을 겁니다. 그들은 식민지의 땅과 자원을 주인 허락 없이 차지했을 뿐만 아니라, 그 땅의 주인들을 몰살시키거나 노예로 팔았습니다. 그 덕분에 이룬 서유럽의 성장이 그 정도 수준이었는데, 이제 소설 같은 일이 벌어집니다. 1820~1870년 50년 동안 1인당 소득이 매년 1% 성장한 겁니다! 1820년 약 285원이었던 김수한

무의 소득이 1870년에는 약 470원이 되는 거죠!

양 대리 (스마트폰으로 열심히 계산한 후) 와! 소득이 820년 동안 185원 늘었는데, 불과 50년 만에 184원 늘었네요. 김수한무 씨가 복권에 당첨되었군요!

짱 교수 산업혁명을 복권이라고 할 수 있다면 그렇게 생각할 수도 있겠군요. 1820~1870년은 바로 산업혁명이 서유럽의 산업 구조를 싹 바꾸기 시작한 때입니다.

양 대리 소득이 빠르게 늘었으니 김수한무 씨도 빨리 행복해졌겠 네요?

짱 교수 그럴까요? 아마 아닐 겁니다. 1820~1870년 당시 김수한 무 씨와 함께 일했던 친구들의 평균 수명은 고작 17세였습니 다. 서기 1000년, 노르만 정복 당시 영국 전체의 평균 수명 이 24세라고 하니까 이보다도 30% 줄어든 짧디짧은 삶을 살다 간 거죠. 게다가 그들은 주당 80시간 노동에 시달렸습니다. 한 주 100시간 이상 일하는 경우도 흔했고, 쉬는 날은 일요 일 반나절뿐이었습니다. 수많은 방직 공장 종사자들이 폐 질 환으로 사망했습니다. 방 하나에 15~20명이 살았고, 화장실 하나를 수백 명이 사용했다는 기록이 남아 있었습니다.

양 대리 김수한무 씨는 늘어난 소득을 조의금으로 다 썼겠네요. (짱 교수가 인상을 잔뜩 찡그린 걸 본 후) 이야기가 너무 무거워서 그냥 웃자고 한 농담입니다. 그렇다면 그런 비참한 생활을 하는 많은 사람들이 가만히 있지만은 않았을 거 같은데요?

쨩 교수 네, 그렇죠. 그때부터 자본주의에 반대하는 운동이 본격화됩니다. 마르크스도 이 무렵 태어나 자랐고, 자본론을 썼습니다. 마르크스 이론은 수정주의자들에 의해 현실에 적용되었습니다. 이에 대한 자본가들의 저항도 격렬했죠. 하여튼 1870년경부터 노동자들의 상황이 나아지기 시작했습니다. 한쪽 힘이 너무 세지면, 역사는 그 중심축을 반대쪽으로 넘긴다는 사실을 잊지 않아야 합니다. 마르크스주의도 마찬가지입니다.

당시 전 세계적으로 사회주의가 득세했습니다. 결국 1917년 러시아 혁명이 일어났죠. 한때 소련식 사회주의는 자본주의를 넘어서는 것처럼 보이기도 했습니다. 다른 나라들이 1~2% 성장에 그친 1928~1938년 동안, 소련은 1인당 국민소득이 매년 5%씩 성장했던 것입니다. 김수한무 씨도 러시아로 이사 가고 싶었을 겁니다. 그러나 이러한 성장은 정치적 탄압과 1932년 기아로 수백만 명이 목숨을 잃은 대가였습니다. 곡물을 농촌에서 도시로 옮겨 도시에 살던 임금노동자들을 먹이는 데 썼습니다. 남는 곡물은 해외에 팔아서 공업화에 필요한 선진 기계를 수입했고요. 그 결과 농촌에 있는 그야말로 엄청난 수의 사람들이 굶어 죽었습니다. 김수한무 씨가 러시아로 갔다면 그 이름이 무색하게 일찍 죽었을지도 모릅니다.

자본주의는 1929년 대공황에 빠졌습니다. 사람으로 치면 심각한 우울증에 걸린 셈이죠. 그 후 대공황의 해결책이 무엇이었는가에 대해선 다양한 의견이 있습니다만, 제가 보기엔 대공황을 이겨내기 위해 어쩔 수 없이 실시되었던 개혁 정책, 세계 제2차 대전의 발발, 전쟁 때 개발된 기술들의 상업적 성공 등 여러 가지 요소들의 합작품이라고 생각됩니다.

이를 기반으로 자본주의는 1945~1973 황금기를 누립니다. 1950년~1973년 사이 서유럽 1인당 소득 연간 4.1%, 미국 2.5%, 서독 5.0%, 일본 8.1%라는 경제적 기적이 일어납니다. 김수한무 씨의 이 당시 소득도 엄청나게 늘었겠죠. 그의 1950년 소득이 100원이었다면 23년 후인 1973년에는 262원쯤 되죠. 중세시대 1인당 소득 증가율 0.12%로 이런 성장을 하려면 800년이 넘게 필요합니다. 김수한무 씨는 800년의 소득 증가를 단 23년 만에 맛볼 수 있었던 거죠.

짱 교수님은 설명을 계속 이어갔다. 자본주의 황금기 때 태어난 국제통화기금IMF, 국제부흥개발은행IBRD 등도 황금기를 만드는 데 일조했지만, 무엇보다 자본주의와 사회주의의 장점을 섞은 혼합 경제 체제의 탄생이 황금기의 주요 원인이라고 했다. 이후 자본주의 황금기는 1973년

1차 오일 쇼크로 종말을 고했다. 이후 영국의 마거릿 대처, 미국의 로널드 레이건으로 대표되는 신자유주의가 세계를 지배했다.

사건은 계속 일어났다. 1989년 소련이 와해되기 시작했고, 1990년엔 독일이 통일되었다. 1991년 결국 소련 연방은 해체되었다. 1975년 공산화된 베트남도 1986년 개방주의로 옮겨 탔다. 1995년 멕시코 금융 위기, 1998년 한국 등 아시아 금융 위기, 2000년 닷컴 버블의 붕괴, 2008년 세계 금융 위기 등을 거치면서 각국의 경제전문가들이 여러 가지 해결 방안을 내놓고 있지만 뾰족한 방법은 없는 상태다. 결국 미국, 일본 등 선진국들은 중앙은행에서 새로 돈을 찍어서 시중에 풀고 있다. 이걸 멋진 말로 양적 완화 조치라고 한다.

자본주의 황금기의 끝자락은 바로 그 유명한 한강의 기적이 일어난 시기다. 양 대리는 한국은행이 새 통계자료에 따라 발표했던 우리나라의 경제 성장률에 크게 놀란 적이 있다. 2019년 12월에 발표한 한국은행 자료에 따르면, 우리나라의 1인당 명목 국민총소득GNI은 한국전쟁 이후 500배 가까이 늘어났다. 그리고 명목 국내총생산(GDP,

한화 기준)은 1953년 477억 원에서 2018년 1,893조 원으로
무려 39,665배로 늘었다. 대박이란 말로도 한참 모자란,
그야말로 기적이었다.

양 대리는 자본주의의 간략한 역사를 살펴보고, 우리
나라의 경제성장이 어느 한 사람, 어느 한 가지 원인에 의
해 만들어진 것이 결코 아니라는 걸 실감했다. 역사의 굴
곡마다 도전과 응전이 있고, 그때마다 이를 이겨내려는 개
인과 국가의 노력이 당시 상황과 잘 맞아떨어져야 가능한
일이라는 걸 인정하지 않을 수 없었다.

우리나라의 경우를 다시 천천히 살펴보자. 1971년~1977년
은 자본주의의 황금기가 정점을 지나 과도기로 넘어가던
시기였다. 이 당시 우리나라는 자본주의가 적절한 정부 개
입 하에서 가장 잘 돌아간다는 걸 보여준다. 자본주의 체
제를 유지하면서 정부가 주도하는 산업화 전략을 추진하
고, 동시에 자국 유치산업을 보호했던 전략이 잘 맞아떨
어졌던 것이다. 애덤 스미스의 보이지 않는 손을 믿고 시
장만 바라보고 있었다면, 우리나라는 여전히 보이지 않는
나라로 남아 있었을 것이다.

그러나 빛나는 영광은 그림자도 만드는 법이다. 얼마 전 양 대리는 '벌집촌 공순이'란 말을 인터넷 기사에서 봤다. 그에겐 벌집촌도 공순이도 처음 듣는 말이다. 공순이는 어린 나이에 가족들의 생계와 동생들의 공부를 위해 구로공단에서 일했던 여공들을 비하하는 말이고, 벌집촌은 이들이 살던 좁은 골방들이 모여 있던 곳을 말한다. 구로공단은 섬유, 봉제, 전자 등 노동집약적인 산업이 몰려 있었다. 구로공단은 여공들의 싼 노동력에 힘입어 1971년에 수출 1억 달러를 달성했다. 1977년에는 우리나라가 수출 100억 달러를 달성했던 해였는데, 구로공단은 이 가운데 11%인 11억 달러를 수출했다고 기사는 전했다.

벌어들인 달러 뒤엔 여공들의 열악한 삶이 있었다. 여공 중에는 글을 읽지 못하는 문맹자가 20%, 초등학교 중퇴자는 15%에 달했다. 대부분(51%)은 초등학교가 마지막 공교육이었다.

"12, 13살 난 시다들이 많았는데 대형 다리미를 다뤘습니다. 어리광 부릴 나이에 산업체 특별학교가 끝나면 쉬지도 못하고 기숙사에서 옷 갈아입고 프레스로 카라를 고열에 넣고 빼내는 일을 했습니다. 잠깐만 졸면 손을 넣었다가 빼지 못해 손이 오징어처럼 눌리는 것을 자주 봤습니다."

프레시안, "'벌집촌 공순이'들이 노동운동 역사를 썼다", 2021.8.2. 기사 중

양 대리는 평균수명 17세, 수백 명이 쓰는 화장실을 1970년대 우리나라에서 보았다. 경제성장이라는 것에는 빛과 함께 그림자도 있다는 것을 배웠다. 역사는 사소하게 달랐지만, 크게 보면 똑같이 반복되고 있었다. 양 대리는 누구를 위한 경제성장인지 질문하지 않을 수 없었다. 누군가는 성장하지만, 누군가는 글을 읽지 못하고, 손이 오징어처럼 눌리고, 화장실 하나를 놓고 수백 명이 다퉈야 한다. 같은 나라에서, 혹은 같은 시대에 함께 사는 사람이라면 이 질문을 꼭 해야 할 것 같았다.

'누구를 위한 경제성장인가?
누구를 위한 조기 은퇴인가?
누구를 위한 주식투자인가?
그저 나 하나?'

만병통치약에 속지 않으려면

쨩 교수 세테리스 파리부스Ceteris Paribus라는 말이 있습니다. '다른 모든 것들이 동일하다면'이란 뜻을 가진 라틴어입니다. 미시 경제학 교과서의 원조라 할 수 있는 알프레드 마샬의 경제학 원론에도 등장하죠. 사실 경제학뿐만 아니라 거의 모든 과학들이 세테리스 파리부스에 의지하고 있습니다. 이게 없다면 아마 과학은 성립할 수 없을 겁니다.

양 대리 와, 그 정도예요? 그런데 구체적으로 어떤 의미인지 와닿지 않네요.

쨩 교수 그럼 예를 하나 들어 볼까요. '물은 100도에서 끓는다'는 법칙이 있습니다. 그럼 물은 언제 어디서나 100도에서 끓나요? 아닙니다. 물이 딱 100도에서 끓으려면 일정한 조건이 있어야 합니다. 물, 불, 냄비, 온도계 이 정도만 있어서 될 일이 아닙니다. 예컨대 기압 등 대기도 중요합니다. 산처럼 높은 곳에선 기압이 낮아 100도보다 낮은 온도에서 물이 끓죠. 그래서 밥이 설익는 겁니다. 그렇다면 달나라, 화성 등에서 물이 끓으려면 완전히 다른 조건이 필요할 겁니다. 이렇게 물이 끓는 100도는 불변의 진릿값이 아닌 것입니다. 이 값이 정확하게 맞아떨어지기 위한 조건은 셀 수 없을 정도로 많습니다. 그런데 일이 이렇게 복잡해지면 인간의 부족한 능력으로는 도무지 과학을 할 수 없습니다. 그래서 과학자들은 어떤 실험을 할 때 수많은 조건 중에 일부만을 선택해 제한된 범위에서 할 수밖에 없습니다.

양 대리 그럼 선택받지 못한 조건들은 놓친 거잖아요. 그것들은 어떻게 하죠?

짱 교수 바로 그때 등장하는 것이 세테리스 파리부스Ceteris Paribus입니다. 자신이 선택한 조건들만 고려하고 다른 것들은 모두 동일하다는 전제를 까는 겁니다. 다른 조건들은 모두 동일하다는 말을 달리 말하면, 내가 선택한 조건 말고 다른 것들은 결과에 아무런 영향을 주지 않는다고 치자는 겁니다. 아주 쉽죠? 결국 경제학이나 사회과학 등에 나오는 어떤 법칙들은 불변의 진리가 아닙니다. 어떤 조건에서만 작동하는 법칙입니다. 그러니 사실 법칙이라고 말하면 안 되는 거죠. 그런데 우리는 법칙이라는 낱말이 주는 인상, 즉 절대불변의 진리라는 분위기에 압도된 채, 이걸 곧이곧대로 현실에 적용하려고 덤빕니다. 맞을 리가 없죠. 현실은 모든 변수를 가지고 있다가 마술사처럼 어느 때는 비둘기를 꺼내기도 하고, 어느 때는 꽃을 꺼내기도 하니까요. 거의 모든 이론들이 사건이 터지고 난 후 뒤처리에 급급한 이유도 그 때문입니다. 나온 결과들을 가지고 그럴싸하게 짜 맞추는 거지요.

양 대리 그렇다면 경제학자들이 주로 선택하는 조건들이 따로 있나요?

쨍 교수 오호, 맞습니다. 제가 보기에 경제학파들이 주로 던지는 문제는 6개입니다. 첫째, 경제는 무엇으로 만들어졌는가? 계급인가, 개인인가, 조직인가, 제도인가. 둘째, 사람을 어떻게 이해하는가? 합리적인가? 비합리적인가? 이기적인가? 복합적인가? 셋째, 세상을 어떻게 보는가? 예상할 수 있을 만큼 확실한가? 복잡해서 예상할 수 없는가? 넷째, 경제에서 가장 중요한 분야는 무엇인가? 생산인가? 소비인가? 교환인가? 다섯째, 경제에 변화를 가져오는 것은 무엇인가? 자본인가? 개인의 선택인가? 생산능력의 발달인가? 제도인가? 이 모든 것인가? 여섯째, 추천하는 정책은 무엇인가? 자유시장인가? 정부의 적극적 개입인가? 등이 그것입니다. 고전주의, 신고전주의, 마르크스학파, 개발주의, 오스트리아학파, 슘페터 학파, 케인스학파, 제도학파, 행동주의 등 각 경제학파들은 위 6가지 질문에 대해 비슷하거나 다르게 대답하고 있습니다. 이러한 다양한 견해는 각 학파가 만들어지고 활동했던 상황에 적당한 대답을 내놓은 결과라고 생각합니다.

양 대리는 경제학도 궁극적으로 믿음에 기초한다고 느껴졌다. 끝까지 파고들면 결국 '내가 세상을 어떻게 보고 있는가?', '인간을 어떻게 이해하고 있는가?', '무엇이 가치 있는 일인가?'라는 질문 앞에 설 수밖에 없다. 세계관, 인간관, 가치관이 윤리학이나 정치학이 아닌, 경제학이라는 새로운 이름으로 우리 앞에 서 있을 뿐이다.

우주가 시작된 이후 단 한 번도 변하지 않은 사실이 딱하나 있단다. 그것은 모든 것은 변한다는 사실이다. 양 대리는 책을 보면서 불변의 사실에 한 가지를 추가할 수 있을 것 같았다.

농부 이반은 이웃 보리스에게 샘이 잔뜩 나 있다. 보리스한테는 염소가 있기 때문이다. 요정이 와서 이반에게 소원 하나를 들어주겠다고 한다. 이반의 소원은 무엇이었을까? 보리스네 염소가 그냥 고꾸라져 죽어 버렸으면 하는 것이다. (D. 란데스, 《국가의 부와 빈곤》) (…) 평등을 원하는 것은 아주 자연스러운 인간의 감정이고, 인류 역사를 움직여 온 원동력이다.

양 대리가 추가하고 싶은 불변의 사실은 인간은 불평등에 화를 낸다는 것이다. 얼핏 보기엔 잘 참고 있는 것 같지만, 실상 마음 깊은 곳 어딘가에 꽁꽁 숨겨 놓고 있다가 폭탄처럼 빵 터트린다. 역사가 그걸 잘 말해주고 있다. 수

많은 혁명, 전쟁, 파업들이 바로 인간의 평등 본성 때문에 벌어졌다.

　그렇다면 경제는 불평등의 문제를 어떻게 해결해 나가는가에 달려 있다 해도 과언이 아닐 것이다. 그리고 불평등과 같은 갈등 상황을 해결하는 건 정치의 몫이다. 책에서 경제학이 정치적 논쟁이라고 강조한 이유를 양 대리는 이제 알 수 있었다. 양 대리는 그동안 시장이 잘 돌아갈 수 있도록 제발 정치가 간섭하지 말라는 주장을 자주 들어왔다. 그래서 시장을 내버려 두면 모든 것이 경제 법칙에 따라 예상대로 움직일 거라 생각했다. 그러나 현실 시장은 다르다. 국가 차원에서 통제되고 관리되어야 한다. 그렇지 않다면 시장은 시장일 수 없다. 시장은 곧 힘 있고 돈 있는 사람들의 세상, 약육강식의 정글이 될 것이다. 제 밥값을 한다면서 어린이들의 노동까지 찬양했던 작가의 모습이 양 대리 눈앞에 아른거렸다.

　주식투자도 별반 다르지 않다. 국가의 경제 질서가 공정하지 않다면, 투자는 도박으로 변한다. 주식투자 카페와 정보지에 넘쳐나는 작전과 내부정보는 모두 불법이다. 하지만 양 대리뿐 아니라, 많은 사람들이 불법에 대해선 그리 신경 쓰지 않았다. 그 정보가 정확한지, 그래서 내가 얼마나 큰돈을 딸 수 있는지에만 온통 관심을 쏟았다. 만약 이런 식의 투자가 성공해 누군가 대박을 터트렸다면, 그 대박은 공정하게 투자한 많은 사람들을 쪽박 차게 만든 덕에 이룬 범죄의 대박인 것이다. 남들이야 어찌 되건 내 주머니만 불릴 수 있다면 물불 가리지 않고 뛰어들겠다는 마음은 건강한 투자자가 아니라, 도박판의 타짜들과 다를 바 없지 않은가. 양 대리는 그동안 돈만 쳐다보고 달려왔던 자신의 마음이 병들었음을 알았다. 사냥개들이 눈앞에 있는 사슴을 향해 달리는 것처럼 자신도 그런 벌건 눈을 하고 컹컹거리며 침을 흘리고 있는 건 아닐까.

양 대리는 이제 경제학을 다르게 보게 되었다. 경제학은 오직 돈만 추구하는 학문이 아니어야 한다. 경제학은 건강한 욕망에 대한 지식이어야 한다. 이웃과 함께 성장하는 지식이어야 한다. 따라서 경제학은 윤리의 문제, 나아가 정치적 문제와 떨어져서는 생각할 수 없는 앎이어야 한다. 그 사회와 국가가 옳다고 믿고 생산한 좋은 것들을 보다 많은 사람들이 골고루 누릴 수 있도록 경제학이 뒷받침해야 한다. 그래서 애덤 스미스 시대에는 경제학을 정치경제학으로 불렀던 건 아닐까.

양 대리는 자신의 은퇴 목표를 구체적으로 바꿨다. 물론 조기 은퇴를 포기한 것이 아니다. 다만 좀 더 경제학을 공부하고 싶어졌다. 그가 하고 싶은 경제학은 숫자와 법칙으로 번들거리는 경제학이 아니라 사회의 불평등을 해결하는 경제학, 갈등을 줄여주는 경제학, 병들고 아픈 욕망을 치료하는 경제학이다. 그러려면 사람에 대해서도, 역사에 대해서도, 정치에 대해서도 알아야 한다. 양 대리는 살면서 처음으로 원하는 공부를 하게 되었다. 살면서 처음으로 자신만이 아닌 이웃과 세상 전체를 향해 꿈꾸게 되었다. 그랬더니 가슴이 뛰었다. 살맛이 났다.

플라톤

〈소크라테스의 변명〉

갑질하는 회사의
직원으로 살고 있다

회사에 정이 떨어지는 순간들이 있습니다. 자신의 도덕적 가치관과 부합하지 않은 일을 회사가 했을 경우, 회사가 나에게 그런 일을 지시하는 경우. 바로 백 사원이 처한 상황입니다. 간절한 마음으로 들어온 회사에서 이런 상황을 경험하게 된 백 사원은 머릿속이 복잡합니다. 백 사원은 이 모든 상황을 눈 질끈 감고 해내야 할까요? 아니면 모르는 척 시간이 흘러가길 바라야 할까요?

괴로운 그는 《소크라테스의 변명》이라는 책을 추천받습니다. 이 책은 소크라테스가 재판에 회부되어 사형될 때까지, 재판에서 스스로 변론했던 내용을 그의 제자인 플라톤이 정리한 글입니다. 여기엔 그가 생각하는 삶의 태도와 철학이 담겨 있습니다.

과연 이 책을 읽은 백 사원은 괴로움에서 벗어날 수 있을까요? 만약 소크라테스가 백 사원 회사 직원이라면 어떤 선택을 했을까요?

뽑아만 주신다면 무슨 일이든 열심히 하겠습니다!

백 사원은 뒤질세라 우렁차게 대답했다. 마지막으로 꼭 하고 싶은 말은 없냐는 면접관의 형식적인 말에 거의 반사적으로 답이 튀어나왔다. 문과라서 죄송하다고 사과해야 하는 시대에 문과 중에 문과인 철학과를 나온 백 사원은 처음으로 최종 면접을 봤다. 영혼과 맞바꿔서라도 꼭 합격하고 싶었다. 그리고 꿈은 이루어졌다!

마지막에 한 우렁찬 대답이 자기 최면이 되었기 때문일까? 백 사원은 무엇이든 열심히 일했다. 묻지도 따지지도 않았다. 지금 돌아보니 그게 문제였다. 회사 생활은 질문하고 따지면서 생각의 고삐를 놔선 안 되는 일이었다. 그가 알기론 모든 일에는 사회성이 있다. 다른 사람과 연결되어 있다는 뜻이다. 그런 탓에 내가 어떻게 일을 이해하고 접근하느냐에 따라 일과 연결된 다른 사람들에게 미치는 영향력이 달라질 수밖에 없다. 갑질이라고 불리는 거칠고 사나운 일 처리 방식이 사람의 마음을 얼마나 괴롭게 하는지 우리는 잘 알고 있다.

그러나 백 사원이 당당하게 합격한 그 회사에도 부당한 갑질이 있었다. 계약서엔 갑과 을이라고 쓰여 있지만, 당사자들은 귀족과 천민으로 읽었다. 계약관계가 신분관계로 변한 것이다. 그렇지만 갑이 물건을 주지 않으면 장사를 할 수 없는 대리점으로서는 계약 내용이 부당해도 울며 겨자 먹기로 계약할 수밖에 없었다. 다른 회사의 물건을 팔아선 안 된다는 내용이 계약서에 포함되어 있는데다 대리점은 백 사원의 회사에 맞춰 시설과 마케팅을 끝내 놓은 상황이라, 다른 회사와 계약하려면 거금을 투자해 모두 바꿔야만 했다.

먹고사는 문제가 막다른 골목에 처하게 되면 을은 생각을 멈춘 노예가 되거나 화해 불가능한 적이 된다. 대리점 중 한 곳이 영업 직원의 욕설과 뒷돈을 요구하는 장면을 촬영해 유튜브에 올리는 사건이 벌어졌다. 또 다른 대리점주는 백 사원이 다니는 회사를 원망하는 유서를 남기고 극단적인 선택을 했다. 회사에서 요구하는 대로 맞추느라 30억을 투자했는데, 공급계약을 일방적으로 끊겠다는 통보를 받은 것이다. 다른 대리점주들의 추가 폭로가 계속되었다.

연이은 악재에 회사 주가가 연일 폭락하고 있다고 언론에서 떠들어댔다. 사람이 죽었는데, 그 사건은 주가에 불리한 악재에 불과했다. 어떤 기자는 백 사원의 회사가 앞으로 살아남으려면 상생의 철학이 담긴 ESG 경영을 해야 할 것이라는 전문가 의견을 실었다. 죽은 대리점주의 유족들이 앞으로 어떻게 살아야 할지에 대해 도움이 될 만한 전문가 인터뷰는 찾아볼 수 없었다. 자신이 몸담은 회사의 실상을 안 후로부터 백 사원은 입만 열면 회사 욕이 나왔다.

이런 상황에서 백 사원은 ESG 경영팀으로 발령 났다. 상생의 철학이라는 말이 대표이사에게 깊은 인상을 준 탓인지, 직원 중에 철학을 전공한 사람을 ESG 팀으로 보내라는 특별 조치가 내려졌던 것이다. 아무리 찾아봐도 회사에 철학과 출신은 백 사원 혼자였다. 인사팀장은 신입 직원이라 망설였지만 백 사원을 보고할 수밖에 없었다. 보고하면서 그는 '백 사원은 아직 신입이지만, 회사를 위한 뜨거운 열정이 있다'고 의례적인 말을 덧붙였다. 인사팀장은 아직 백 사원이 회사 욕하는 걸 들어보지 못한 모양이다.

어차피 답은 정해져 있다

회사일이 어디 열정만으로 되던가? 백 사원은 일단 ESG라는 말 자체가 입에 붙지 않았다. 입사시험을 위해 그 사전적 의미만을 간신히 외웠을 뿐이다. ESG는 기업들에게 부여된 사회적 책임을 환경Environmental, 사회Social, 지배 구조Governance 세 가지로 요약한 것이다. 각각의 영어 단어 맨 앞 글자를 따서 ESG라고 간단하게 부른 것인데 요즘 우리 기업들에게 가장 뜨거운 이슈이다. 정작 회사 내부에선 차가웠지만.

백 사원이 ESG를 모르는 것도 문제지만, 더 큰 문제는 지금 ESG 팀은 그야말로 전쟁터라는 것이었다. 아무도 백 사원에게 ESG를 설명해 줄 여유가 없었다. 심지어 발령 첫날에는 백 사원이 이삿짐을 들고 팀에 왔지만, 어느 한 사람 백 사원이 지금 왜 여기 있는지 물어보지 않았다. 아마 그가 누구인지 아는 사람도 없었을 것이다. 얼마나 지났을까. 누군가 소리쳤다.

"어이 거기! 저기 빈 책상에 가서 앉아! 눈에 거슬리지 말고."

백 사원은 속으론 '어이 거기? 내가 거기냐?' 빈정거렸지만, 겉으론 "예, 알겠습니다!" 시원하게 대답하고 얼른 자리를 찾아 앉았다. 나중에 알았다. 소리친 사람은 팀장이었다. 백 사원은 이제 회사 욕을 할 때마다 어김없이 팀장 욕도 같이 했다.

백 사원의 회사처럼 갑질하는 회사가 많았던 모양이다. 다른 회사에서도 비슷한 사건이 터졌다. 뉴스의 관심은 새로운 사건으로 옮겨갔다. 그렇게 한 달이 흘렀다. 이제 사람들의 관심은 올림픽으로 향했다. 연이은 금메달 소식은 회사의 갑질과 그로 발생한 어떤 이의 죽음을 잊게 만드는 데 충분했다.

일이 일단락되자 팀장은 ESG 경영전략을 처음부터 다

시 고민해 보고하기로 했다. 철학과 출신 신입사원도 얻은 차에 이왕이면 좀 제대로 해 보자며 회의를 소집했다. 팀장은 백 사원에게 'ESG 경영전략의 철학적 접근과 적용'이라는 주제로 발표를 지시했다. 뭔가 다른 관점이 필요했던 것이다. 백 사원은 그의 주특기를 살렸다. 속말과 전혀 다른 겉말을 아무렇지 않게 해버리는 것이다. 입 밖으로 내뱉는 말과 다르게 그의 머릿속은 이미 욕으로 가득 차올랐다.

카톡이 왔다. 누구지 한참 더듬은 끝에 같은 팀 신 주임이라는 걸 알았다. 신 주임은 업무용 공용 폴더에 예전 보고서들과 행사 사진 등이 있으니 그걸 참조하라고 알려주었다. 백 사원에겐 그야말로 천군만마를 얻은 셈이었다. 그러면서 신 주임은 알쏭달쏭한 말을 남겼다.

"어답정인 거 아시죠? 너무 고민 말고 우리 회사 좋은 회사, 우리 대표님 착한 사람, 이 콘셉트에서 벗어나지만 않으면 돼요. 우리 팀장, 다음 인사 때 승진 케이스라는 것도 참고하시고^^"

어답정, **어**차피 **답**은 **정**해져 있다. 백 사원은 '그러면 그렇지! 이 팀도 썩을 대로 썩었군'하며 공용 폴더를 열어 봤다. ESG 관련 외부 컨설팅 보고서, 과거 사업 계획과 결과 보고, 연탄 배달과 김치 담그기 행사 사진 등이 있었다. 사진마다 선한 표정으로 웃고 있는 대표의 얼굴이 크게 자리 잡고 있었다. 백 사원은 온통 쓰레기밖에 없는 공용 파일을 도대체 왜 알려준 건지 신 주임에게 따지고 싶었다. 회사에 본질적인 문제가 있는데, 이렇게 자화자찬만 해서는 결국 뜬구름 잡는 이야기만 할 수밖에 없다. '철학적 접근은 개뿔!'

백 사원은 처음부터 다시 시작하기로 했다. 신 주임 때문에 시간만 낭비했단 생각이 들었다. 일단 검색부터 시작했다. ESG, 기업의 사회적 책임을 중심으로 이런저런 검색어를 만들었다. 그리고 검색 결과에 나온 각종 자료를 샅샅이 읽고 필요하다 싶으면 모두 다운로드했다. 신문기사, 방송 인터뷰, 블로그, 논문, 동영상 강연 등을 수도 없이 보고 또 봤다. 아무것도 모르는 상황에서 접한 정보의 홍수는 두통을 유발했다. 백 사원은 지쳐가고 있었다. '젠장, 처음 맡은 발표인데 신입사원이 할 수 있는 일이 아니구나.' 백 사원은 자신에게 발표를 맡긴 팀장이 원망스러웠다. 팀장이 자신을 엿 먹이기 위해 시킨 발표일 지도 모른다는 억측도 해 봤다. 회사와 팀장 욕을 섞어 가며 모니터를 뚫어져라 바라보던 백 사원은 갑자기 책상을 내리쳤다. 철학과를 나오지 않았다면 ESG 팀에 오지 않았을 텐데, 철학을 전공한 것이 후회스러웠다.

자포자기할 무렵, 백 사원은 회사 대표가 감명 깊게 읽었다던 ESG 전문가의 칼럼을 다시 찾아 읽었다. 그 전문가의 프로필을 무심히 살펴보던 백 사원은 씨익 웃었다. 놀랍게도 그 전문가 역시 철학을 전공했던 것이다. 백 사원은 지푸라기라도 잡는 심정으로 그 전문가에게 이메일을 보냈다. 이메일을 읽기나 할까 싶었지만 지금 찬밥, 더운밥 가릴 처지가 아니었다. 천만다행으로 그 전문가는 답장을 보내주었다. 그것도 아주 친절하고 길게.

ESG 전문가의 답장

백 사원님 반갑습니다. 문의 사항을 제 나름 고민해 보았습니다. 부족하나마 그 결과를 정리해 보냅니다. 아무쪼록 준비하시는 발표에 도움이 되길 바랍니다.

각 나라마다 헌법이 있듯, 회사마다 정관이란 것이 있습니다. 이 정관은 회사를 설립할 때 주무관청에 제출하게 되어 있습니다. 즉, 정관이란 회사에서 만든, 사회와의 약속이 담긴 서약서이기도 합니다. 보통 정관 제2조는 이런 내용으로 되어 있습니다. "이 회사는 다음의 사업을 영위함을 목적으로 한다." 여기서 말하는 사업은 당연히 사회적으로 필요하고 인정된 사업일 겁니다. 무기나 마약 판매, 인신매매, 장기밀매, 범죄조직 결성 등 사회를 망치는 일을 하겠다고 나선 회사를 어떤 나라가 설립되도록 내버려 두겠습니까. 그러니까 회사는 아무 일이나 닥치는 대로 해선 안 되고, 정관 제2조를 통해 사회와 약속한 일을 해야 합니다. 백 사원님도 이런 일을 하기 위해 어렵게 공부해 입사한 것이고요.

조금 더 이야기를 해볼까요. 백 사원님의 회사에도 사훈이 있을 겁니다.

이 대목에서 백 사원은 '신속, 정확, 친절'이라는 회사 사훈이 생각났다. 처음 봤을 때, 회사 사훈이 꼭 중화반점에서 사용해야 할 것 같아서 낄낄대고 웃었던 기억이 났다. 백 사원은 '내가 지금 이럴 때가 아니지' 하며 다시 이메일에 집중했다.

정관 제2조를 통해 약속한 사업을 하려면 어떤 능력이나 태도가 있어야 할 겁니다. 사훈에는 바로 이런 필요 역량과 태도가 담겨 있습니다. 정관과 사훈만 잘 생각해 보면, 우리 회사가 어떤 경영을 해야 하는지 알 수 있습니다.

그런데 한참 전에 이러한 사훈 대신 회사의 미션Mission과 비전Vision이라는 이름으로 새로운 경영전략을 수립하는 일이 유행처럼 번진 적이 있습니다. 사실 정관이나 사훈이 없는 회사는 없습니다. 그런데 많은 회사에서 미션과 비전을 몽땅 다시 만들었습니다. 왜 그랬을까요? 조직문화 컨설턴트들은 이렇게 말합니다. 미션과 비전을 통해 회사의 목적을 좀 더 전략적으로 달성할 수 있다고요. 과연 그럴까요?

우리 회사가 왜 존재하는지에 대한 확고한 이해가 없으면 아무리 멋있는 말로 미션과 비전을 만들어도 소용없습니다. 귀사의 홈페이지에 있는 미션과 비전을 살펴보세요. 너무나도 훌륭한 말로 표현되어 있습니다. 하지만 그것들이 홈페이지에만 머문다면 최근에 벌어진 불행한 일들이 반복될 것입니다.

백 사원은 순간 아찔했다. 자살한 점주와 유족들의 절규가 생각났다. 지금 자신이 하고 있는 일은 단순히 팀장에게 잘 보이기 위한 수준에서 만족할 것이 아니겠다는 생각에 이르렀다. 회사 홈페이지에 있는 미션과 비전 그리고 유족들의 통곡하는 모습이 겹치면서 그는 자못 심각한 표정을 지었다.

백 사원님 발표 주제가 'ESG 경영전략의 철학적 접근과 적용'이라고 하셨죠? 여기서 저는 전략이라는 말에 대해 좀 깊게 생각해 보았습니다. 왜냐하면 저는 바로 이 '전략'이란 말 때문에 현재 기업에서 행해지고 있는 미션과 비전 활동들이 백전백패할 수밖에 없다고 생각하기 때문입니다.

전략이란 말을 따져봅시다. 한자로는 '戰略' 이렇게 쓰는데, 그 뜻은 간명합니다. 전쟁에 쓰이는 방법이나 책략이란 뜻입니다. 전쟁은 국가 간에 벌어지는 무력을 사용한 싸움을 말합니다. 막대한 재산 피해는 물론이고, 수많은 사람이 죽거나 다칩니다. 패전한 국가는 역사 속에서 사라집니다. 패전국의 국민들은 포로가 되거나 여기저기 떠돌아다니는 난민이 됩니다. 따라서 전략은 그야말로 수단과 방법을 가리지 않고 오직 이기는 쪽에 초점이 맞춰져 있습니다.

자신의 현재 상황을 전쟁으로 이해한 사람은 수단과 방법을 가리지 않고 오직 단 하나의 미션, 즉 생존만을 위해 최선을 다할 겁니다. 여기서 모순이 발생합니다. 회사는 사회와 약속한 의미 있는 일을 하겠다고 만들어졌습니다. 그런데 우리는 지금 회사가 전쟁 상황에 놓여 있다고 전제하고 있습니다. 그렇다면 이제 우리는 어떻게 해야 할까요? 일단 치열한 전쟁에서 살아남기 위해 남이야 어떻게 되든 상관없이 행동해야 할까요? 아니면 우리 회사가 가진 존재 의미를 제대로 살리기 위한 일을 계속해야 할까요? 두 가지 모두를 잡을 수 없다면, 무엇을 먼저 잡아야 할까요?

백 사원은 선뜻 대답하기 어려웠다. 그렇게 자주 전략이란 말을 쓰면서도 자신은 단 한 번도 전략과 전쟁을 연결해 생각하지 않았다. 전략이란 말에는 무의식적으로나마 우리가 이 세상을 전쟁터로 이해하고 있다는 인식이 깔려 있었다. 우리가 사용하는 말과 우리가 이해하는 세상은 서로 닮아있었다. 전문가의 이메일은 계속되었다.

이 질문이 당황스럽다면 이렇게 물을 수도 있습니다. 회사가 사회와 약속한 그 의미 있는 일이란 결국 단순히 내가 먹고 살기 위해 내 건 허울 좋은 명분에 불과한가? 아니면 내가 죽더라도 절대 포기할 수 없는 의미와 가치를 지녔는가?
전략이란 말은 생존을 최우선 가치로 만들어 버립니다. 목숨이 왔다 갔다 하는 판에 의미와 가치 타령만 하고 있냐고 누군가 호통을 치면, 다른 말은 꺼낼 엄두조차 못 냅니다. 생존

본능만이 모두를 사로잡게 되는 거죠. 저 역시 현장에서 이런 광경을 수없이 목격했습니다. 우리는 도대체 무엇 때문에 이런 낡은 호통에 찍소리도 못했을까요? 아마도 여기엔 내 목숨보다 더 귀한 것은 없으며, 내가 죽으면 다 꽝이라는 삶의 철학이 깔린 건 아닐지요?

대학에서 철학을 전공했다고 하셨죠? 혹시 《소크라테스의 변명》이란 책을 읽어보셨는지요? 발표 자료를 작성하기 전에 그 책을 다시 한번 천천히 읽어보셨으면 합니다. '죽으면 다 끝난다, 그러니 당장 살고 봐야 한다'는 삶의 자세에선 ESG나 기업의 사회적 책임은 늘 경영전략일 뿐입니다.

귀사의 대표와 모든 임직원들이 이 세상을 어떻게 이해하고 있는지, 그리고 자신들이 하는 일이 이 세상에서 어떤 의미를 가지고 있는지에 대한 확고한 태도가 자리 잡지 못한다면 그런 발표는 아무리 멋있게 꾸며봐야 쇼에 불과합니다. 백 사원님의 건투를 빕니다.

《소크라테스의 변명》

백 사원은 밤늦게 집으로 돌아왔다. 솔직히 그는 전문가의 말이 곧이곧대로 들리지 않았다. 발표 날짜가 얼마

남지 않았는데, 언제 그런 고리타분한 책을 읽겠는가? 소크라테스가 ESG 경영에 어떤 도움을 줄 수 있을지 도무지 이해할 수 없었다. 철학 공부한 사람들은 이래서 문제라고 빈정거리기도 했다.

백 사원은 지난 선배들의 발표 자료와 검색해서 찾은 것들을 그럭저럭 연결해 발표 작업을 마무리할 수 있었다. 신입다운 발표 스킬과 동영상 몇 가지를 추가해 시각적 효과를 높였다. 그러던 중 또 하나의 사건이 터졌다. 대리점주들이 더 이상은 못 참겠다며 대표이사와의 면담을 요구한 것이다. 대리점주들은 본사 사옥 앞에서 무기한 단식 농성에 들어갔다. 대형 확성기 4대에 뿜어져 나오는 결사투쟁 구호는 이중 방음창을 가볍게 뚫었다. ESG 팀은 홍보팀, 법무팀 등과 긴밀히 연락하며 동분서주했다.

가장 무서운 것은 언론이었다. 회사는 대리점주들에게는 무대응 원칙을 내세웠지만, 언론에는 곧 원만히 해결될 것이라며 상생 경영을 테마로 한 전면 광고를 계약했다. 푸른 하늘과 생명력 넘치는 숲을 배경으로 순진무구한 아이가 방긋 웃고 있는 사진이었는데, 아이 손에 들린 풍선에는 회사 로고가 뚜렷하게 적혀 있었다.

갑자기 불꽃이 일었다. 여기저기서 비명 소리가 터져 나왔다. 4대의 확성기에서는 소화기를 찾는 목소리가 다급하게 흘러나왔다. 농성 중이던 대리점주 한 명이 분신을 시도했다. 다른 점주들의 절규, 사진 기자들이 셔터 누르는 소리, 빨리 119를 부르라는 소리가 크리스마스 캐럴의 즐거움과 은혜를 잘라 하늘로 돌려보냈다. 백 사원은 7층 휴게실 통유리를 통해 그 모든 장면들을 아무 말 없이 지켜봤다. 그날은 12월 24일, 크리스마스이브였다.

다음 날은 휴일인 크리스마스였지만 백 사원은 출근했다. 농성 천막과 확성기는 제 일을 계속하고 있었다. 책상엔 앉았지만 아무 일도 할 수 없었다. 백사원은 어제 출력해 놓았던 발표 자료를 무심하게 바라보았다. 진한 녹색으로 쓴 '대리점주님들과 함께 성장하는 회사'라는 문구를 까만 볼펜으로 덧칠하다가 볼펜을 던져 버렸다. 볼펜이 던져진 자리에는《소크라테스의 변명》이 꽂혀 있었다.

수치스럽지 않습니까

이 책을 가지고 한 학기 수업을 했던 모양이다. 노란색

형광펜으로 칠해진 문장들이 책 여기저기에 누워있었다. 백 사원은 그중에서도 빨간색 볼펜으로 크게 별 표시한 부분을 읽었다.

> 가장 훌륭한 양반이여! 당신은 지혜와 힘을 가진 가장 위대하고 명성이 높은 국가, 아테네 사람이지 않습니까. 당신에게 돈이 최대한 많아지게 하는 일이나 명성과 명예를 높이는 일은 돌보면서 현명함과 진실, 그리고 영혼을 훌륭하게 만드는 일은 돌보지도 신경 쓰지도 않는다는 게 수치스럽지 않습니까?

"수치스럽지 않습니까?"라는 소크라테스의 목소리가 수백 번 메아리쳤다. 돈은 필사적으로 쫓아다니면서 자신의 영혼은 거들떠보지도 않는 것, 소크라테스에게 그건 수치였다. 그러나 백 사원에게 그건 수치가 아니었다. 당연히 해야 할 일이었다. 돈 없이 어떻게 살 수 있단 말인가? 소크라테스도 21세기 대한민국에서 태어났다면, 되레 자기 밥벌이도 못하는 것이 수치스럽지 않냐고 백 사원에게 따져 물었을 것이다. 철학과를 나와 변변한 면접 한번 보지 못했던 과거를 생각하면 죽도록 수치스러웠다. 그런데 지금 회사가 그런 백 사원을 구원해 주었다. 자신에게 밥을 주는 분이 하느님 아닌가?

확성기에서 노래 한 자락이 흘러나왔다. '산 자여 따르
라'로 끝나는 노래였다. 살아있는 사람에게 하는 노래였
다. 밥만 준다면 무슨 일이든 열심히 하겠다고 다짐한 백
사원은 자신이 산 사람인지 생각해 보았다. 살아있는 사
람이 자살하는 대리점주들과 함께 성장할 수 있을까? 저
들을 죽음으로 내몰아 번 돈으로 받는 월급은 당당한 것
인가? 자신의 몸에 불을 붙이는 사건을 목격한 사람으로
서 이런 발표 자료를 더 그럴듯하게 꾸미는 일은 수치스럽
지 않은가?

> "지혜를 사랑하면서, 그리고 신이 나 자신과 다른 사람들
> 을 검토하면서 살아야 한다고 명령하고 있는 상황에서,
> 내가 죽음이든 또는 다른 어떤 일을 두려워해서 나에게
> 배치된 자리를 벗어난다면, 난 무서운 일을 저질러 버린
> 게 될 거예요. 그것은 그야말로 무서운 일일 겁니다."

소크라테스는 신이 자신에게 명령하고 있다고 말한다.
그는 신의 명령이라는 상황에서 혹시 자신이 그 사명을
다 하지 못할까 봐 두려워하며 살아가고 있다. 신의 명령

은 자기 목숨을 희생해서라도 꼭 해야만 하는 것이다. 그것이 소크라테스가 이 땅에 태어난 이유다. 그렇다면 그 신의 명령이란 어떤 내용인가? 놀랍게도 그것은 '나 자신과 다른 사람들의 삶을 검토하며 사는 것'이다. 검토하는 삶! 자신이 지금 어떻게 살아가고 있는지, 가족과 동료와 이웃은 어떤 모습으로 살고 있는지 내버려 두지 않고, 스스로 생각하고 나아가 그들로 하여금 생각하게 만들고 그 결과를 서로 이야기하는 삶! 그것이 소크라테스에게 꼭 하라고 신이 명령했던 내용이다.

백 사원은 화가 났다. 검토하는 삶이라니? 돈만 벌면 됐지 대체 뭘 검토하란 말인가? 자신이 왜 죽은 점주들과 지금 농성 중인 사람들의 삶 따위를 검토해야 한단 말인가? 자신이 왜 팀장과 동료들의 삶을 검토해야 하는가? 이따위 발표를 누가 보기나 한단 말인가? 신은 백 사원에게 명령하지 않았다. 자신에게는 그 누구도 명령할 수 없다. 그런 사건은 먼 옛날 소크라테스에게나 벌어진 것이다. 백사원은 이렇게 잘 방어했다. 그런데 그에게 문제가 하나 생겼다. 스스로가 이미 얼마나 비겁한 인간인지 안다는 것이었다.

'나'는 '나'에게 더 이상 익명을 요구할 수 없었다. '나'는 '나'를 침묵시킬 수 없었다. 어쩌면 인간은 약자에게서 쉽게 얻는 불로소득에 암묵적으로 합의하고 있을지도 모른다. 아동이나 노인들에 대한 학대는 기본적으로 약자에 대한 학대이다. 이것이 경제적 약자에 대한 학대로 번진 것이 백 사원이 목격한 갑질의 본질이다. 약한 자의 것을 빼앗는 행위를 묵인하는 것은 정의롭지 못한 일이다. 이런 일에 대해 침묵하고 나아가 협력하는 일이 반복되는 것은 자신의 삶을 검토하지 않았기 때문이다. "수치스럽지 않습니까?"라는 물음이 다시 귓가에 울렸다.

백 사원은 자리에서 벌떡 일어나 아무도 없는 사무실에서 절망적으로 소리를 질렀다. 그 절규는 자살했던 그 사람이, 분신했던 그 사람이 냈던 바로 그 소리였다. 산 사람의 소리였다.

덕에 관해 이야기를 만들어 가는 것, 이것은 그야말로 인간이 누릴 수 있는 최상의 좋은 것이며, 검토 없이 사는 삶은 인간에게 살아갈 가치가 없다.

인간이 누릴 수 있는 최상의 좋음은 돈이 아니다. 덕이다. 덕에 대해서 이야기를 만들어 나가야 한다. 덕에 대한 '나'와 이웃의 이야기가 자라나야, 약자의 것을 뺏고 싶어 하는 인간의 악마성을 막을 수 있다. 되돌아보지 않는 삶, 음미하지 않는 삶, 검토 없이 사는 삶은 살 가치가 없다. 자신이 아니면 어느 누구도 자신의 삶을 되돌아보지 않는다. '나' 말고 누가 '나'의 삶을 음미하겠는가. '나'의 삶을 검토할 자격이 '나' 말고 과연 누구에게 있겠는가. 백 사원은 돈만을 음미해왔던 자신의 삶에서 상한 냄새를 맡았다. 그동안 왜 자신이 그토록 회사 욕을 했는지도 알 것 같았다. 정작 그 욕은 자신에 대한 분노였다.

백 사원은 ESG 전문가에게 답장을 썼다.

어리석은 사회 초년생에게 귀한 가르침 주셔서 감사드립니다. 덕분에 《소크라테스의 변명》을 마음으로 읽을 수 있었습니다. 사회가 우리 회사에 명령한 일이 무엇인지 좀 더 고민하겠습니다. 제가 하는 일과 회사가 하는 일이 우리 사회에서 어떤 가치와 의미를 가지고 있는지 늘 음미하겠습니다. 감사합니다.

이어서 백 사원은 팀장에게 이메일을 보냈다.

팀장님, 아무것도 모르는 저를 믿고 중요한 발표를 맡겨 주셔서 감사합니다. 쓰러져가는 점주들을 보면서 진정성 없는 ESG 활동은 아무 의미도 없다는 걸 알았습니다. 우리 팀이 지금 해야 할 일은 대리점주들의 이야기를 마음으로 듣는 것이라고 생각합니다. 돌아가신 점주들의 유족들을 만나고, 단식 농성장에 계신 분들과도 이야기를 나눌 수 있다면 좋겠습니다. 제대로 된 발표는 그 후에 가능할 것 같습니다.

회사 부품으로
살아가는 느낌이 든다

'나는 지금 잘 살고 있는 것일까?', '나는 무엇 때문에 살아가는 것일까?' '나답게 산다는 것은 무엇일까?' 출퇴근길, 지하철이나 버스 창문에 비친 모습을 보며 하염없이 생각에 잠길 때가 있습니다. 매일 똑같이 반복되는 일상 속에서 자신을 잃어버린 것 같은 느낌을 받는 것이죠. 이럴 때는 자신이 그저 회사나 사회 속 하나의 부속품에 지나지 않는 것 같다는 생각을 합니다. 이 불안하고 무기력한 감정을 이겨내려면 어떻게 해야 할까요?

《데미안》에 우리가 하는 고민의 답이 있습니다. 그리고 사실 우리도 답을 이미 알고 있습니다. 헤르만 헤세가 남긴 "새는 알을 깨고 나온다. 새에게 알은 세계다"라는 유명한 말의 의미를 우리는 이미 알고 있습니다. 당신이 찾고 싶은 해답은 모두 당신의 안에 있습니다. 당신이 할 일은 당신 안의 메시지를 듣기 위한 방법을 찾는 것뿐입니다.

당신은 알을 깨고 나오기 위해 무엇을 해야 할까요?

벌레는 의미를 묻지 않는다

기계처럼 돌아가는 회사에서 부품처럼 일하다 보면 아주 가끔 이런 질문이 목에 딱 걸릴 때가 있다.

"나는 누구인가? 무엇 때문에 사는가?"

처음 몇 번은 실신 직전까지 가는 술자리, 싸구려 동남아 여행 정도면 딱 부러진 대답 없이도 어물쩍 이 질문들을 넘길 수 있었다. 그러나 시간이 가면 갈수록 질문들은 따끔거리고 켕겼다. 원래 이런 질문에는 답도 없고 괜히 사람만 우울하게 만드는 법이라며 애써 외면할수록, 질문들은 더 뾰족하게 마음을 찔렀다. 아무리 헛기침을 하고, 밥 한 숟가락을 꿀꺽 삼켜도, 급기야 손가락을 목구멍 깊이 쑤셔 넣어 구역질까지 해도 정체를 드러내지 않는 못된 생선뼈처럼 말이다.

차 대리는 2017년 7월 1일 자 일기를 읽었다. 차 대리의 입사일이 2014년 7월 1일이니까, 입사 만 3년이 지난 첫날 일기였다. 서당 개도 3년이면 풍월을 읊는다고 했거늘, 차 대리는 3년이 지났건만 풍월은 고사하고 사표만 읊고 있다. 사실 내가 누구인지, 왜 사는지와 같은 궁극의 질문들에는 답이 없다. '바로, 이거야!' 깨달음이 잠깐 왔다가도 모르겠고, 어찌어찌 넘겼다 싶으면 어김없이 다시 찾아와 괴롭혔다. 일의 의미를 찾고 가족과 이웃을 떠올리며 에두르는 데도 한계가 있었다. 괜히 마음만 불편했다. 이런 질문들은 내가 창조했지만 내 손으로 없앨 수는 없는 피조물 같았다. 답답하고 불안했다.

차 대리는 내친김에 2019년 7월 1일 자 일기도 찾아 읽었다. 입사 5년이 지났으니 내용이 좀 변하지 않았을까 해서였다.

차라리 벌레였다면! 내 존재의 의미 따윈 찾지 않을 텐데. 아무 생각 없이 음식 부스러기를 찾아 많은 발을 부지런히 움직이며 살았을 텐데. 그 성실에 감탄하며 스스로 대견할 터인데. 왜 인간으로 태어나 자꾸 나 자신에 대해 질문하고, 그 의미를 찾도록 추궁 받는지 모를 일이다. 그렇지만 카프카의 소설 《변신》의 주인공처럼 벌레로 죽긴 싫다. 가족들마저 등 돌리고, 빗자루에 쓸려 버려진 존재가 된다면 정말 인생이 너무 허무하지 않나. 인간으로 태어난 이상 피할 수 없는 질문이라면, 고통스워도 이 질문들과 씨름할 수밖에 없다. 그러나 시간이 갈수록 씨름은 질퍽하고, 괴로워진다.

한심했다. 3년, 5년이 지나도 한결같은 내용으로 종이를 낭비하고 있었다. 하긴, 오늘 2022년 3월 1일 일기를 쓴다고 해도 다르게 쓸 자신이 차 대리에겐 없었다.

산 사람과 죽은 사람을 반반 섞은 듯한 표정으로 차 대리는 오늘도 출근 버스에 올라탔다. 운수 좋은 날이었다. 빈자리가 있었다. 죽은 사람의 표정은 사라지고 얼굴에 생기가 돌았다. 냅다 몸을 날려 자리를 차지했으나 앉자마자 옆에 있던 학생에게 굽신거리며 사과해야 했다. 차 대리의 핸드백이 퍽 소리를 내며 학생의 뺨을 갈긴 것이다. "어떻게요, 정말 미안합니다. 괜찮으세요?" 차 대리는 허둥지둥 학생의 얼굴을 살폈다. 얼굴은 벌겋게 달아올랐다. 바닥에 떨어진 책에서 먼지를 털어내며 학생에게 건네주었다. 책 이름은 《데미안》이었다.

다시 이승 사람과 저승 사람을 반반 섞은 표정으로 돌
아온 차 대리는 회사 의자에 털썩 앉았다. 학생의 벌건 뺨
이 떠오르자, 한심하기 짝이 없는 중생이라며 자신의 머
리를 쥐어박았다. '왜 그렇게 덤벙댈까, 좀 차분하게 행동
하지, 32살이나 먹고 아침부터 이게 웬 망신이람.' 아무리
찾아봐도 자신에게는 마음에 드는 구석이 한 군데도 없
었다. 책장에 엎드려 신세 비관을 하다, 학생에게 주워 준
《데미안》이 떠올랐다. 데미안이라, 나도 언젠가 읽었던 것
같은데. 무슨 내용이었더라? 퇴근 후 차 대리는 곧장 동네
서점으로 가 선 채로 《데미안》을 읽기 시작했다.

왜 그것이 그토록 어려웠을까

《데미안》은 이렇게 시작한다.

나는 진심으로 내 안에서 솟아 나오려는 것, 그것대로 살
아 보려 했다. 왜 그것이 그토록 어려웠을까?

나답게 사는 건 나에게만 어려운 것이 아닌가 보다. 《데미안》은 헤르만 헤세의 자서전적 소설로 알려져 있다. 문학과 철학 그리고 불교에 조예가 깊었던 헤세. 그 역시 나답게 산다는 것은 그토록 어려운 일이라고 한다. 차 대리는 왠지 다행처럼 느껴졌다.

> 삶이란 자신의 자아를 향해 가는 길이며, 그 길을 추구해 가는 것이다. (…) 지금껏 그 어떤 사람도 완벽하게 자기 자신이 되어 본 적이 없었으면서 누구나 자기 자신이 되려고 애쓴다.

인간은 왜 완전한 자기 자신이 될 수 없음에도 불구하고, 자기 자신이 되려고 애쓰는 걸까? 그 많은 사람들이 실패했다면 사실 진정한 자아 따윈 없는 것이 아닐까? 결승선 없는 이 달리기는 언제쯤 멈추는 것일까?

헤르만 헤세는 자신이 자아를 향해 달리는 방식을 '쓰기'라고 설명했다. 그는 '나 자신의 이야기이자 한 인간에 대한 이야기'를 쓰면서 자아를 향해 달린다고 했다. 그는 "현실적인 한 인간의 이야기가 모든 인간의 이야기가 될 수 있다는 걸 깨달았다"라고도 했다. 그에 따르면 사람이란 존재는 그저 자기 자신일 뿐만 아니라, 세계가 서로 만나는 교차점이기도 하기 때문이다.

그는 "별을 바라보거나 책을 들춰보며 찾지 않고, 내 몸 안의 피가 내는 소리의 메시지를 듣기 시작했다"라고도 고백했다. 내 피가 만드는 소리의 메시지! 내 생명이 세상과 부딪히며 만드는 그 소리는 과연 어떤 메시지를 품고 있는가. 좀 더 돈을 벌어라? 좀 더 높은 자리를 차지하라? 좀 더 많은 사람들을 발밑에 두어라?

그의 《데미안》은 "우리는 서로를 이해할 수는 있지만, 삶의 의미는 자기 자신만이 판단할 수 있다"라고 하며, 밝음과 어둠이라는 분리된 두 세계에서 자신의 이야기를 시작한다.

두 세계

싱클레어는 두 세계 앞에 서 있다. 여기서 말하는 두 세계는 밝음과 어둠의 세계를 말한다. 밝음의 세계는 아버지의 세계다. 이 세계는 빛, 깨끗함, 친절함, 성경, 찬송가, 크리스마스 파티로 아름답고 거룩하게 채색되어 있다. 제대로 된 성공한 인생을 살려면 이 세계를 벗어나면 안 된다. 반면, 어둠의 세계는 하녀와 직공의 세계다. 이 세계는 유령, 도살장, 감옥, 주정뱅이, 강도, 살인, 자살 같은 것들이 있다. 여기에 있다간 인생을 그야말로 제대로 망치게 된다. 하루속히 벗어나야만 한다.

여기서 싱클레어는 묘한 감정을 느낀다. 밝음과 어둠이라는 결코 화해할 수 없는 두 세계가 겹쳐 있다는 사실을 경험한 것이다. 가족들과 함께 거룩한 찬송가를 부르던 하녀는 정육점 아줌마와 싸울 땐 악마 소리를 낸다. 정직해야만 하는 자기 자신 역시 또래들 앞에서 똥 폼 한 번 잡으려고 영웅담을 꾸며댔다가 계속 돈을 뜯기는 앵벌이 신세가 되고 만다. 그는 돈을 상납하기 위해 두려움 속에서 도둑질과 거짓말을 반복한다. 밝음과 어둠의 경계가 싱클레어의 마음에서 뒤엉켜 버린 것이다. 혹시 그런 경계 따윈 처음부터 없었던 건 아닐까? 지금껏 나는 감쪽같이 속아온 건 아닐까? 한 번도 하지 못했던 이러한 경험들이 한 소년의 부드러운 가슴에 칼질을 해댄다.

"누구도 예상하지 못한 이런 경험들로 우리들의 운명에

는 내면적이고 본질적인 선이 하나씩 그어져 간다. 그런 칼질과 균열은 점점 늘어나고 아물다가 곧 잊히는 것 같지만, 우리 마음속 가장 비밀스러운 암실에서는 여전히 그대로 남아 계속 피를 흘린다."

밥값을 해라! 이익을 올려라! 최고 실적을 만들자! 회사의 밝은 세계는 신성한 돈으로 가득 차 있다. 사람다움, 동료애, 사회적 책임은 어둠의 세계에 속한 것처럼 쉬쉬했다. 차 대리는 어떻게든 회사의 밝은 세계에 속하고 싶었다. 그래서 쉽진 않았지만, 꾸역꾸역 여기까지 꾸려왔다. '다들 그렇게 산다', '별나게 굴지 말라' 하며 자신에게 면박을 주기도 했다. 덕분에 양심에 찔려 쩔쩔매던 일도 이젠 제법 무덤덤하게 해낼 수 있게 되었다.

그러나 양심 때문에 쩔쩔매던 일은 여전히 쩔쩔매는 게 맞지 않는가. 내 양심으로는 도저히 감당할 수 없는 일까지 척척해낸다면 그 곱던 천성이 뒤틀려진 것 아닌가. 인간의 존엄성, 양심의 자유 따윈 개나 줘버리라는 눈치 속에서 먹은 회사 짬밥. 차 대리는 이렇게 먹은 밥알들이 깨진 유리 조각처럼 마음 여기저기에 박혀 있는 기분이었다. 그 유리 조각에 찔려 내 안에 있는 데미안은 지금도 계속 피를 흘리고 있을지도 모를 일이다.

자아 선택권

　회사는 시스템이다. 시스템은 매뉴얼대로 움직인다. 따라서 개인의 개성이란 시스템의 고장 원인이 된다. 매뉴얼은 개개인을 1도 생각하지 않고 설계되었기 때문이다. 팀장의 임무 중 하나는 팀원들의 고유한 개성이 시스템을 망치지 않도록 통제하는 것이다. 통제의 기술은 크게 두 가지. 당근과 채찍. 이것들은 모두 하나의 목표를 향해 설계되어 있다. 그 목표는 팀원들이 회사를 두려워하도록 만드는 것이다. 팀장은 당근과 채찍을 통해 팀원들이 자신의 개성을 언제, 어디서, 어떻게, 왜 발휘해야 하는지를 자신에게 허락받기를 원한다. 팀원들은 냉탕과 온탕을 오가면서 때로는 달콤한 냄새에 코를 벌렁거리고, 때로는 고통으로 비명을 지르면서 자신의 고유한 자아 선택권을 팀장에게 시나브로 맡기게 되는 것이다.

　　"사람은 누가 앞에 있든지 그 사람을 두려워할 필요가 없어. 그런데도 내 앞의 누군가가 두렵다는 건 스스로를 다

스리는 힘을 타인에게 맡겨 버렸기 때문이야."

내가 나로서 살아가는데 가장 큰 장애물은 두려움이다. '개성 있게, 나답게 살아도 먹고사는 데 지장 없을까? 혹시 팀장이 나를 말 많고 불평불만만 하는 저성과자로 낙인찍지나 않을까? 그 낙인 때문에 동기들보다 뒤처지지 않을까? 후배들에게 추월당하지 않을까? 나 때문에 시스템이 고장 나면 어쩌나? 개성이고 인권이고 나발이고 일단 잘 보이면 좋은 거 아닌가? 좋은 게 좋은 거 아닌가?'

좋은 것을 자기 자신에게 줄 수 없는 사람은 언제나 두렵다. 두려움은 자신만의 가치를 깎아 먹는다. 자신의 가치를 다른 사람이 만들어 줄 수 있다고 생각하곤, 그를 자신의 주인으로 삼아 자발적인 노예가 된다. 노예는 주인의 눈치를 본다. 무엇을 해야 하고, 무엇을 하지 말아야 할지 스스로 결정하지 않는다. 왜냐하면 자신이 결정한 것을 최종 평가하는 사람이 따로 있기 때문이다. 그에 의해 자신은 영웅도, 쓰레기도 될 수 있다. 자신이 여기 있어도 좋다는 존재 의미를 주는 단 한 사람, 그 귀한 자리에 다른 사람을 앉혔다. 자신의 자아 선택권을 팀장에게 위임한 것이다. 차 대리는 울고 싶었다.

"우리들은 공인된 것과 금지된 것을 각자 자신의 힘으로
찾아야만 해."

무엇을 할지, 무엇을 하지 말아야 할지 우린 우리의 힘
으로 찾아야만 한다. 그럴 힘이 없는 사람은 노예가 되어
주인의 명령을 기다리는 신세를 벗어나지 못한다. 팀장이
내린 평가에 따라 천국과 지옥을 오가던지, 자기 자신에
게 부여한 가치에 따라 개성 넘치는 삶을 살던지. 그 결정
권이 바로 자신의 마음에 달려 있었다는 사실에 차 대리
는 눈을 감고 생각에 잠겼다. 다시 열린 그의 눈에 다음
문장이 선명하게 들어왔다.

"운명과 마음은 하나의 개념에 대한 다른 이름이다."

새는 알에서 나오려고 투쟁한다

차 대리는 이 문장을 기억한다. 이 문장이 너무나 마음
에 들어 몇 번이나 공책에 썼더랬다. 차 대리는 왜 이 문장
이 마음에 들었을까? 아마 이런 이유가 아닐까. 어제와 같
은 오늘, 오늘과 같을 내일이 반복되는 답답하고 지루한

삶을 상징하는 알. 그걸 깨려는 투쟁. 약해 빠진 현실 순응형 인간인 차 대리의 손에 알을 깰 방망이를 쥐여 주는 문장이 아닐 수 없다. 게다가 알을 뚫고 밖으로 나와 창공을 비상하는 새의 얼굴은 어디서 많이 본 것처럼 친숙하다. '아! 저건! 내 얼굴이네!' 이런 흐뭇한 상상을 하면서 차 대리는 인정했다. 이 문장을 어찌 사랑하지 않을 수 있을쏘냐.

태어나려고 하는 자는 하나의 세계를 깨뜨리지 않으면 안 된다. 새는 신에게 날아간다. 신의 이름은 아브락사스다.

사실 차 대리는 자기 세계를 깨뜨릴 생각이 1도 없었다. 그저 소유한 세계가 한 뼘이라도 넓어지길 바랄 뿐이었다. '밖은 전쟁이다. 폭탄 파편에 튀어 재수 없게 죽을 수도 있다. 이런 불운을 미리 막으려면 보호막을 철갑으로 둘러야 할 판이다. 그런데 그걸 깨긴 왜 깨냐? 바보냐?' 차 대리 마음엔 이런 목소리가 들릴 때가 많았다.

그러나 태어나려고 하는 자는 반드시 하나의 세계를 깨뜨리지 않으면 안 된다. 자기 세계에는 그동안 경험했던 수

많은 실패와 상처로 만들어진 빨간 X 표시가 차고도 넘친다. X 표시는 끊임없이 외친다.

"그 선을 넘으면 안 돼, 혼나! 내가 해 봤어! 아무 소용없어! 말하지 마, 아무도 네 의견 따윈 듣지 않아! 노력하면 그만큼 손해야! 사람 바꿔 쓰는 거 아니야!"

이런 곳에서는 가능성이라곤 약에 쓰려고 해도 찾을 수 없다. 자기가 죽어가고 있는데도 말이다.

차 대리는 알에 대해 골똘히 생각해 봤다. 알은 가능성의 세계라고 할 수 있다. 알은 흰자와 노른자를 하나로 뭉쳐 생명을 만든다. 알이라는 혼돈스러운 질서는 새를 향해 꿈틀거리면서 나아간다. 정해졌으나 실체는 알 수 없는 것, 운명으로부터 부여받은 그 무엇인가를 향해 변화할 뿐이다. '뭔가를 찾아가는 과정, 그 자체가 이미 나인가? 그래서 그토록 오랫동안 나는 나를 딱 이것이라고 가리킬 수 없었나?' 차 대리는 점점 뭔가 알 것 같은 기분이 들었다.

강물처럼 흘러 흘러 어디론가 가고 있는 여정 자체가

나라면, 내가 그동안 꿈꿔왔던 자아상은 뭐란 말인가. '저게 나야! 저렇게 회사에서 잘나가나고 연봉 많은 사람이 바로 나야! 이게 바로 나란 말이야!'라고 외치며 가리켰던 자아상은 오히려 나를 찾아가는 여정을 방해하는 것들이었단 말인가.

경계가 넘쳐나는 세계인 알. 그 알을 깨트리고 나온 새. 이 새는 경계 없는 하늘로 날아오른다. 예로부터 새는 하늘과 땅을 매개하는 상징이었다. 동서고금의 수많은 샤먼들은 새의 가면과 깃털로 자신을 꾸밈으로써 바로 자기 자신이 하늘과 땅의 매개자임을 드러냈다. '그렇다면 새는 나와 세상이 따로 떨어져 있는 것이 아니라는 것을 보여주는 상징 아닐까? 새는 알이었던 나와 하늘이라는 세상을 연결시키려는 지금 여기의 끊임없는 몸부림 아닐까?'

아브락사스는 바로 이 새가 향하는 곳이다. 살짝만 건드려도 깨져버리는 알처럼 약하디 약했던 자신, 그 알을 깨고 나온 새는 더 이상 자신과 세상을 분리하지 않는다. 자신과 세상을 동시에 비행한다. 차 대리는 자신을 오랫동안 가둬 왔던 알이 무엇일까 생각해 봤다. 도대체 그 무엇이 자신의 비상을 막았을까?

미칠 것 같았던 회사 생활

회사는 경계와 제한이 차고 넘친다. 누가 책임질까를 놓고 따져야 하기 때문에 일은 쪼개지고 기능은 분절된다. 쪼갠 일과 분절된 기능을 시스템으로 연결하려 해 보지만, 깨진 도자기를 테이프로 붙인 것처럼 볼썽사납고 위태롭다.

그리고 시스템에는 사람을 진심으로 움직이게 만드는 마음이 없다. 매뉴얼이 있을 뿐이다. 따라서 인간의 마음에서 만들어진 복잡 미묘한 감정을 잡아내지 못한다. 자기 자신으로 살지 못해 생긴 마음의 고랑을 도무지 알아채지 못한다. 사람과 사람을 잇는 이심전심이니 염화미소니 하는 것들은 시스템 오류로 취급된다. 칼같이 따지고 샅샅이 훑지만, 정작 인간적인 것은 하나도 얻어내지 못한다. 그 속에서 우린 반쯤은 기계로 산다.

차 대리는 《데미안》을 읽으면서 회사 생활에 지친, 내면속 또 다른 자신을 불렀다. '어디 있니? 괜찮은 거지? 아직 거기 있는 거지? 내가 너를 찾으려면 어떻게 해야 하는지 말해줄 수 있을까?' 잔뜩 침울해진 차 대리의 눈에 다음 문장이 꽂혔다.

> 나는 살기 위해 내면에서 스스로 우러나오는 것 말고는
> 아무런 노력을 하지 않았다.

데미안의 충고대로 차 대리는 다른 사람과 자기 자신을
비교하는 일을 멈췄다. 책에 나오는 비유처럼 박쥐로 태어
났다면 타조가 되려고 애쓰지 않기로 결심한 것이다. "각
자를 위한 진정한 천직이란 자기 자신에 도달하는 단 한
가지뿐이다"라는 데미안의 말을 차 대리는 곱씹고 곱씹
었다. 미칠 것 같은 기분에 휩싸이는 건 어쩌면 자신 안에
있는 데미안을 만나기 위한 때가 가까워졌다는 신호가 아
닐까 생각했다.

그러자 이상한 일이 벌어졌다. 차 대리가 스스로를 사
랑할 수 있게 된 것이다. 자기 자신 안에 존재하는 것에
집중하니 삶의 에너지가 느껴지기 시작했다. 큰일이 생길
때마다 내면 깊숙이 자리한 속사람을 먼저 챙겼다. 속사람
은 연봉이나 직급은 그리 중요한 일이 아니라고 했다. 지
금 자신에게 가장 중요한 것은 자신의 개성을 온전하게
가꾸고 지켜 내는 일이라고 했다. 자신만의 고유성을 발견

하는 것! 그것이야말로 자신이 부여받은 사명이었다. 그 일은 아무도 대신해 줄 수 없는 것이었다. 차 대리 자신만 할 수 있고, 해야만 하는 유일한 일이었다.

진정한 '나'를 찾아 떠나는 길은 불안하다. 그 길에는 아무도 없다. 오직 단 사람, 내면의 속사람과 동행할 뿐이다. 이 길을 걷다 보면 죽음의 비릿한 냄새 때문에 자꾸 뒤를 돌아보게 된다. 이러다 자신만 왕따 되는 거 아닌가, 낙오자 되는 거 아닌가 불안이 그치지 않는다. 그러나《데미안》의 에바 부인은 이렇게 되묻는다.

"자신에게 한번 물어보세요. 그 길이 그렇게도 어려웠던가? 정말 그저 어렵기만 했던가? 그럼에도 불구하고, 역시 아름답지는 않았던가? 당신은 이보다 더 아름답고도 쉬운 길을 알고 있나요?"

그렇다. 아무리 힘들고 어려워도 '나'는 '나'로서 살 수밖에 없다. 자신의 삶을 스스로 버린다면 아무도 거들떠보지 않을 것이다. 다들 자기 삶도 무거워 휘청거리고 있는 판국에, 스스로 버린 삶을 누가 거두겠는가. 끝까지 포기하지 말고 자기만의 꿈을 꿔야 한다. 그 무엇도 '나'를 찾아가는 여행을 멈추도록 놔두어서는 안 된다.

"사람은 누구나 자신만의 꿈을 발견해야 해요. 발견하고 나면 길이 한층 쉬워지지요. 물론 영원히 계속되는 꿈이란 없어요. 하지만 반드시 또 다른 새로운 꿈이 나타나지요. 그러니 어떤 꿈에도 집착해서는 안 돼요."

차 대리는 자신에게 새로운 꿈이 필요하다는 걸 느꼈다. 꿈은 늘 새로워야 하는 법이다. 차 대리는 지난 7년 동안 회사 생활을 하며 일기를 엮어 책으로 내기로 했다. 일기에는 자신이 회사에서 겪었던 수없이 많은 좌절과 그것보다 하나 많은 꿈들이 오롯이 기록되어 있었다. 헤르만 헤세가 했던 대로 그동안 자신도 '쓰기'를 하며 자아를 향해 달렸던 것이다. 차 대리는 이제 이 생생한 자아 선택의 과정을 나와 같은 고민에 빠져 있는 사람들과 나눠야겠다고 마음먹었다.

레프 톨스토이

《이반 일리치의 죽음》

퇴사한 선배의
부고를 받았다

회사에 다니다 보면 이런저런 경조사를 겪게 됩니다. 물론 결혼식이나 출산같이 좋은 일만 있으면 좋겠지만, 안 좋은 일도 있습니다. 그리고 그중에는 본인상이라는 충격적인 일도 있습니다.

이번 이야기에 등장하는 '나'는 얼마 전 퇴직한 부장님이 돌아가셨단 소식을 전해 받습니다. 한 사람의 죽음은 그와 관계했던 모든 산 사람들과의 인연을 소환하기 마련이죠. 부장님의 부고를 들은 주변 동료들의 반응을 보며 '나'는 깊은 고민에 빠집니다. 그리고 우연히 읽게 된 책에서 비슷한 모습을 보게 됩니다. 이상하게도 1880년 러시아를 배경으로 한 《이반 일리치의 죽음》 속 가족과 직장 동료들의 반응이 2022년을 사는 '나'의 눈에도 전혀 낯설지 않습니다.

'죽음'은 우리와는 먼 일일까요? 만약 내가 죽는다면 사람들은 어떤 반응을 보일까요? 누군가의 죽음 속에서 우리는 무엇을 얻게 될까요?

어느 날 퇴사한 선배가 죽었다

"오늘 갈 거야?"

"네. 가 봐야지요."

"같이 가자. 다들 퇴직한 사람 본인상에 누가 가냐면서 안 간다고 하네."

전 부장님이 돌아가셨다. 내가 이력서를 냈을 때, 전 부장님은 인사과장이셨다. 부장님은 손글씨로 쓴 이력서를 정말 오래간만에 본다며 한참을 읽으셨단다. 나는 속으로 전략이 성공했구나 싶어 휘파람을 불었다. 입사 후에 알고 보니, 전 부장님이 나를 적극적으로 미셨다고 한다. 당시 전 부장님은 회사의 에이스였다. 부장님 의견은 대부분 반영되었다. 그러니까 에이스 부장님이 사실상 나를 뽑아주신 셈이다.

나야 이런 인연이 있어 마지막 모습을 배웅하고 싶었지만, 다른 직원들은 그렇지 않았다. 회사의 에이스는 시기 질투를 많이 받는 자리이기도 하다. 적이 많다는 뜻이다. 2008년 금융위기 때 구조조정이 단행되었고, 부장님은 그 일의 팀장을 맡아 궂은일을 도맡았다. 손에 피를 묻히는 일이었다. 전 부장님은 자의 반 타의 반 칼잡이가 되었고, 구조조정 대상이 평소 전 부장님과 부딪혔던 경쟁자들이 겹치면서 일은 커졌다. 누가 어떤 잘못을 구체적으로 했는지 알 수 없는 상황에서 억측과 음모가 회사를 까맣게 덮었다.

　모든 일은 지나간다. 구조조정도 그렇게 끝났다. 살아남은 자들은 화려하고 요란한 잔치를 벌였다. 그리고 예로부터 칼잡이는 쓰고 버리는 법이다. 전 부장님도 잔치에 초대받지 못했다. 그는 구조조정 직후 바로 퇴사했다. 소문에 의하면 대표가 '전 부장의 개인 욕심 때문에 구조조정에 문제가 많았고 시간이 지체되었다'며 책임을 물었다고 한다. 하지만 그 이후 제2의 창업 기념식 때 대표는 이렇게 인사말을 했다. 구조조정이 성공적으로 끝나 회사의 미래가 밝아졌다고. 무엇이 진실인지 아무도 모른다.

정확하게 언제부터인지 기억나진 않지만, 전 부장님은 한동안 회사에 모습을 드러내셨다. 다시는 오지 않겠노라 살기등등 했던 다짐을 하얗게 잊으신 모양이었다. 1층 로비에서 보안 요원에게 제지당해 사무실까지 들어오지는 못하셨지만, 거의 매일 몇 달을 그렇게 하셨다.

알고 보니 전 부장님은 배회성 치매를 앓고 계셨다. 배회성 치매는 정처 없이 이곳저곳을 떠돌아다니는 치매라고 한다. 아무 데나 발길 닿는 곳으로 가는 경우도 있고, 자신의 남은 기억의 조각들이 마치 들것처럼 환자를 실어 나르는 경우도 있다는데 부장님은 후자였다. 부장님의 기억은 부장님을 회사로 실어 날랐다. 회사 로비에서 부장님은 처음 보는 곳인 듯 두리번거렸다. 로비 인테리어 공사는 전 부장님이 몇 개월 동안 휴일도 없이 꼼꼼히 챙겼던 업무였다.

직원들은 쑥덕댔다. 동정의 말과 비아냥의 말 중 뒷말이 10배 정도 많았다. 나라도 인사를 드려야지 싶어 용기를 냈다. 점심 먹으러 가던 중 우연히 만난 것처럼 반갑게 인사를 드렸다. 부장님은 나를 전혀 알아보지 못하셨다.

영정 속 부장님 얼굴은 평온했다. 혹시 몰라 미리 찍어 놓은 사진 같았다. 얼굴에 살이 있어 눈은 작고 턱선은 완만했다. 날 알아보지 못하셨던 그날 부장님 얼굴은 너무 야위어서 나도 모르게 울컥할 정도였는데, 영정 사진은 다행이란 생각이 잠깐 스쳤다. 다행이란 단어가 어울리는지 헷갈리긴 했다.

상주인 아들은 회사에서 누가 올 줄 몰랐던 모양이다. 당황하는 모습이 역력했다. 회사 상조회에서 보낸 조화를 한쪽으로 놓고 나서 상주로부터 돌아가시기 전 부장님 생활을 짧게나마 들을 수 있었다.

부장님은 배회성 치매로 여기저기 다니셨고, 심한 교통사고를 당하기도 하셨다. 그런 일이 반복되자 요양병원으로 옮겨졌고, 그곳에서 1년쯤 계셨다. 심지어 돌아가시기 6개월 전부터는 대소변도 혼자 볼 수 없었다. 아들과 한참 동안 즐겁게 대화하다, 간호사가 누구인 줄 아냐고 물으면 모르는 사람이라고 하셨단다. 극심한 두통으로 자신의 머리를 움켜잡고 벽에 박기도 하셨다. 직접적인 사인은 뇌종양. 늘 머리가 아프다며 잔뜩 인상을 쓰셨던 부장님 모습이 떠올랐다.

영정 속 사진의 주인공은 언제든지 나로 바뀔 수 있지 않을까? 나는 장례식에서 돌아온 뒤 제대로 일을 할 수 없었다. 밥맛도 살맛도 뚝 떨어졌다. 한 사람이 태어나 평생 일하다가 저렇게 쓸쓸하게 혼자 죽는다고 생각하니 너무 허망했다. 나도 평생 회사원으로 이렇게 갇혀 살다가 쓸쓸하게 떠날 것이 분명해 보였다. 게다가 20년 넘게 일했던 회사에서 버림받고 죽기 전까지 다신 오지 않겠다며 떠났어도 결국 돌아오는 인생이라니! 부장님처럼 치매에 걸려 회사를 찾아온 나를 보고, 뒤에서 흉보는 사람들의 입방정이 그대로 들리는 것 같았다. 노화, 죽음, 치매는 막을 도리가 없지 않은가. 평소에 아무리 훌륭한 삶을 살았다고 하더라도 그 세 가지는 인정사정 봐주지 않고 뚜벅뚜벅 지금도 나를 향해 오고 있지 않은가. 그들의 발걸음은 아무도 막을 수 없고, 아무도 피할 수 없다.

불안했다. 손이 떨렸고, 두통이 반복되었다. 이번 정기 건강검진 항목에 뇌 CT를 추가했다. 전 부장님의 생전 건강했던 모습, 두통으로 고통스러워하던 모습, 치매 환자였던 야윈 얼굴 그리고 영정사진이 어지럽게 허공을 채웠다가 사라졌다. 혼자 쓸쓸하게 죽는 것도 싫었지만, 자신의 이름과 가족까지 기억하지 못한 상태에서 죽긴 더 싫었다.

하지만 뾰족한 대책이 없었다. 인간의 한계란 말을 처음으로 실감했다.

다음 날 아침, 복잡한 마음을 안고 다시 출근했다. 누가 죽든 회사는 아무 문제 없이 돌아갔다. 내가 죽어도 그럴 것이다. 죽은 사람 자리는 누군가의 승진 찬스가 될 수도 있다. 우울한 생각이 연이어 일어나자 회사가 무섭게 느껴졌다.

사내 메신저 알림이 모니터 하단에서 깜빡거렸다. 사내 독서 동아리에서 다음 달 모임을 알리는 내용이었다. 이 와중에 독서 모임이라니 귀찮았고 짜증났다. 동아리 가입이 후회스러웠다. 회사 사람들과 진지한 대화를 하겠다는 발상 자체가 어처구니없는 일 아닌가. 내가 안 보이거나 퇴사하면 기회는 이때라며 흉이나 볼 사람들. 내가 치매에 걸리거나 죽으면 그렇게 살더니 꼴좋다고 고소해할 사람들. 꼭 그렇지는 않더라도 내가 어떻게 되든 상관없는 무관심한 사람들 아닌가. 이런 작자들과 책은 무슨 얼어 죽을 책이란 말인가. 냉소와 빈정이 가득한 눈에 얼핏 책 제목이 보였다. 죽음이라는 단어가 다른 글씨보다 크게 보였다. 고개를 좌우로 몇 번 흔들고 다시 보니 《**이반 일리**

치의 죽음》이었다.

신문에 실린 나의 부고

이반 일리치가 죽었다. 신문 부고란에 발인 요일과 시각이 실렸다. 신문을 돌려보던 사람들은 모두 이반 일리치의 동료였고 그를 사랑했던 사람들이다. 고인을 아무리 사랑했던 사람들이라도, 산 사람과 죽은 사람은 엄격히 딴 세상 사람이다. 그래서 산 사람은 습관적으로 모든 사건을 자기 생존의 유리 또는 불리로 나누어 판단한다.

그가 죽고 나면 알렉세예프가 그의 자리에 임명될 것이고, 알렉세예프 자리에는 빈니꼬프나 시따벨이 임명될 것이라는 소문이 이미 나돌고 있었다. 그렇기 때문에 사무실에 모여 있던 이 고위급 인사들은 이반 일리치의 사망 소식을 듣자마자 이 죽음으로 인해 발생할 자신과 동료들의 자리 이동이나 승진에 대한 것을 가장 먼저 머릿속에 떠올렸다.

나는 러시아 사람들의 생소한 이름을 재미 삼아 소리

내어 읽어보았다. 도저히 정확하게 읽기 어려웠다. 그러나 직장 동료의 죽음을 바라보는 그들의 태도는 전혀 낯설지 않았다. 너무나 친숙한 나머지 쓴웃음이 나올 지경이었다. 그중 한 사람은 이반 일리치의 죽음이 가져다줄 승진 효과, 즉 개인 집무실이 생기고 연봉이 오를 것에 대한 기대를 즐기고 있었다. 다른 사람은 청탁을 넣어 자신의 처남을 좋은 곳으로 전보시키려고 했다. 그는 이제 처갓집 식구들을 위해 자신이 해 준 게 아무것도 없다고 타박했던 아내에게 남편 노릇을 제대로 하게 됐다며 좋아하고 있다. 산 사람들은 이렇게 타인의 죽음 속에서도 나름 살맛을 음미하고 있었다.

"그런데 그분 진짜 병이 뭐였답니까?", "저는 신년 명절 이후 가보지를 못했습니다. 가봐야지 하고 생각은 하고 있었는데", "남긴 재산은 좀 있는지 모르겠네요?"라는 익숙한 말이 오고 갔다. 예의상 어쩔 수 없이 추도식에 참석해야 하는 귀찮은 마음, 추도식 후 벌어지는 카드놀이, 고인 앞에서 성호를 어떻게 그어야 하고 유족들에겐 어떤 위로의 말을 건네야 하는지에 대한 가벼운 고민까지 죽음을 둘러싼 풍경은 1880년 러시아와 2022년 대한민국이 놀랍게 닮아 있었다. 아마도 죽은 사람에 대한 산 사람의 태도에는 시대와 국경을 초월한 공통점이 있는 모양이다. 산 자는 산 자 편에 죽은 자는 죽은 자 편에 속하려는 본능은 시대와 국경을 가볍게 뛰어넘는다. 생사의 구별은 다른 그 어떤 구별도 가소로운 것으로 만든다.

나의 죽음을 알리는 신문 부고를 읽고, 사람들은 과연 어떤 생각을 하게 될까? 나의 죽음이 몰고 올 산 사람들의 살맛에는 어떤 것이 있을까? 그렇다고 그들이 나를 사랑하지 않았던 것은 아니리라. 톨스토이도 그렇게 썼지 않은가. 그들 모두가 이반 일리치를 사랑했던 사람들이라고. 그러니 의심하진 말자. 그들은 모두 나를 사랑했던 사람들이란 것을. 사실 이해 못 할 바도 아니다. 산 사람이 죽은 사람을 위해 딱히 뭘 해 줄 수 있단 말인가. 산 사람은 산 사람들 사이에서 살아야 한다. 게다가 죽은 사람은 말도 없지 않은가.

아주 가까운 사람의 사망 소식을 들은 사람들이 누구나 그러듯이, 그들도 죽은 사람이 자신이 아니라 바로 그라는 사실에서 안도감을 느꼈다.
'어쩌겠어, 죽었는데. 하지만 난 아직 이렇게 살아있어.'

나 역시 이에 동의해왔다. 죽은 사람은 죽은 사람이고 산 사람은 어쨌든 살아야 한다. 그러니까 동료들과 친구들의 저러한 태도와 말을 원망하진 않을 테다. 사실 '죽죽산살(죽은 사람은 죽은 사람이고 산 사람은 살아야 한다)'은 내가 장례식장에서 위로의 말로 가장 애용한 것이기도 하다. 죽죽산살의 설교를 들은 사람들은 대부분 고개를 끄덕였다. 그러나 그들의 마음 한구석이 바로 그 말 때문에 시리고 아팠을 거란 생각을 그땐 전혀 하지 못했다. 죽죽산살은 '어쩌겠어, 죽었는데. 하지만 난 이렇게 살아 있잖아.'를 바꾼 말은 아니었을까. 돌연 미안한 마음이 들었다. 그냥 아무 말 없이 따뜻하게 안아줄 걸 하는 후회가 밀려왔다.

세상에 둘도 없는 친구라면 어땠을까? 죽은 친구가 어린 시절과 학창 시절을 같이 보낸 죽마고우였고, 다 커서는 같은 직장에서 함께 일한 동료였다면, 살아남은 친구는 남다른 애도를 할 수 있을까? 책 속 이반 일리치와 뾰뜨르 이바노비치가 바로 그런 사이였다. 아무도 두 사람이 가장 친한 친구라는 사실을 부정할 수 없었다. 이바노비치는 친구가 몹시 고통을 받으며 죽었다는 이야기를 전해 듣자 갑자기 섬뜩한 느낌을 받았고, 더럭 겁이 났다. 물론 남들보다 조금 더 충격을 받았을 뿐 남다른 애도는 없었다.

'그는 사흘 밤낮을 끔찍하게 괴로워하다 죽었다. 지금 당장 나에게도 언제든지 닥칠 수 있는 일이야.'

심지어 이런 느낌과 겁의 약발도 그리 오래가지 못했다. 그 이유는 첫째, 죽죽산살이 죽음을 고인에게만 일어난 사건인 것처럼 교묘하게 위장하기 때문이다. 뾰뜨르 이바노비치도 "마치 죽음은 이반 일리치에게만 일어난 특별한 사건일 뿐 자신과는 전혀 무관한 일이라는 듯" 죽음의 분위기에서 사뿐히 벗어났다.

둘째, 사실 뾰뜨르 이바노비치가 전해 들은 친구의 극심한 고통은 실제 친구가 겪은 것이 아니라 친구의 아내가 겪은 고통, 즉 산 자의 고통일 뿐이기 때문이다. 톨스토이의 표현대로 "뾰뜨르 이바노비치가 들은 것은 실제 이반 일리치가 겪은 고통이 아니라 그 고통이 쁘라스꼬야 표도로브나(미망인)의 신경을 얼마나 자극했느냐"를 그녀 본인의 절절한 표현을 통해 들은 것에 불과하다. 산 자의 생생한 고통은 죽은 자의 실제 고통을 삐쩍 말라붙게 만든다.

셋째, 산 자의 생계 문제는 때와 장소를 불문하고 불쑥 등장하기 때문이다. 이반 일리치의 부인은 뾰뜨르 이

바노비치에게 "남편이 사망한 경우에 국고에서 어떤 지원을 받을 수 있는가"에 대한 조언을 구하는 척하고 있다. 왜 '구하는 척'인가? 사실 그녀는 국고로부터 받아낼 수 있는 것에 대해선 다 알고 있기 때문이다. 다만 조금이라도 더 뜯어낼 수 있는 방안이 없는지, 남편의 가장 가까운 친구에게 질문하고 있을 뿐이다. 산 사람이라면 이러한 질문이 나온 뒷배경을 귀신처럼 눈치챌 수 있을 것이다. 그래서일까? 고인의 최고 절친 뾰뜨르 이바노비치는 추도식에서 황급히 빠져나와 카드놀이가 벌어지는 곳으로 달려갔다.

나는 이제 이반 일리치가 어떤 삶을 살았고, 또 어떤 고통 가운데 무슨 생각을 하며 죽어갔는지에 대해 관심이 쏠렸다. 산 사람의 고통이 아닌, 죽어 가는 사람이 직접 말한 죽음의 과정을 듣고 싶어졌다. 그가 이렇게 아내와 친구 그리고 동료부터 철저히 외면받은 상태로 고통 가운데 혼자 죽은 것은, 분명 그가 잘못 살았기 때문이라고 단정하고 그를 비웃고 싶었다. 삶은 인과응보 아닌가! 내가 틀리지 않기를 바라며 나는 책장을 성급하게 넘겼다.

곧 좋아질 거란 뻔한 거짓말

그러나 내 예측은 완전히 빗나갔다. 자신만만했던 표정은 과녁의 정중앙을 향해 날아가다 맥없이 땅바닥에 꽂힌 화살처럼 비참해졌다. 삶이 인과응보라면, 나는 이반 일리치보다 더 비참하게 죽어야 할 것 같았다. 그는 지극히 평범하고 정상적인 45년의 삶을 산 것이다. 오히려 그는 훌륭하게 살아온 편이었다. 어릴 적 그는 집안의 자랑거리였다. '똑똑하고 활달하고 누구나 좋아하는 예의 바른 인물'이었다. 학교의 전 과정을 우수하게 끝마쳤다. 사회생활도 잘했다.

> 그가 자신의 의무라고 여기는 일은 높은 사람들이 그렇다고 판단하는 모든 것이었다.

회사원으로 살고 있는 나는, 이것이 얼마나 어려운 일이지 잘 알고 있다. 나아가 그는 공사를 엄격하게 구별했고 자신의 권력을 절대 악용하지 않았다. 회사원으로 살고 있는 나는, 이것이 얼마나 위대한 일인지 누구보다 잘 알고 있다. 톨스토이는 그의 삶이 '별다른 변화 없이 아주 순조롭게 잘 흘러갔다'라고 담담하게 적었다. 그렇기 때문에 이반 일리치는 자신이 죽어가고 있다는 사실을 도저히 이해할 수 없었다.

자신이 죽어간다는 사실을 마음 깊은 곳에서는 분명히 인정했지만, 여전히 그것을 받아들일 수는 없었다. 아무리 이해하려고 해도 도저히 이해되지 않는 일이었다.

평소 그는 자신을 남과 다른 특별한 존재로 생각했다. 그래서 죽음이 다른 사람의 일이고 자신과는 아무 상관 없다고 생각해왔다. 그러나 죽음은 강했다. 출생과 더불어 죽음은 우주를 지배하는 양대 기둥이었다. 그 누구도 죽음을 피할 순 없다. 수십 년 능숙하게 해왔던 재판도 그를 죽음으로부터 구원하지 못했다. 오히려 죽음이 재판을 손쉽게 망쳐 놓았다. 이반 일리치는 자신이 숨기고 싶은 것을 더 이상 숨길 수 없었다. 죽음이 그를 투명하게 만들었던 것이다. 모든 사람이 죽음을 통해 손쉽게 이반 일리치의 속사정을 훤히 꿰뚫어 보고 있었다.

분명 죽음 마주 보고 있었지만, 그가 할 수 있는 일이라고는 아무것도 없었다. 그저 죽음을 바라보며 두려움에 젖어들 뿐이었다.

아직 나는 나의 죽음과 대면한 적이 없다. 다른 사람의 죽음만 구경했을 뿐이다. 스스로 대단히 특별한 사람이라고 여기진 않았지만, 죽음에 대해선 가소롭게 생각했다. 그러고 보니 마치 죽지 않을 것처럼 오직 살 생각만 하며 살았구나 싶었다. 죽음이란 삶을 끝장내는 나쁜 것이니까 무의식적으로나마 가능한 한 멀리하려고 했는지도 모른다. 사실 그보단 다들 그렇게 사니까, 남들 하는 대로 죽음에 대해 별생각 없이 살아왔을 것이다. 모르면 남들 하는 대로 따라 하거나 잠자코 있으라고 배웠지 않은가. 그러나 죽음 앞에서 혈혈단신 서 있는 이반 일리치를 보니 나는 진심으로 두려워졌다.

죽음이 항상 도사리고 있는 인생을 순조로운 삶이라고 할 수 있을까? 죽음이라는 위험천만한 짐승이 온순하기 짝이 없는 나의 일상을 언제든 잡아먹을 수 있는 상황을 별일 없다고 해야 할까? 죽음과 눈을 마주쳤다면 나는 얼어붙었을 것이다. 무엇을 잘못했는지도 모르면서 '잘못했다'는 말만 수없이 연발했을 것이다. 죽음을 미리 알았다면 이렇게 살진 않았을 거라며 후회와 분노를 터트리며, 알 수 없는 용서를 구했을 것이다. 삶 전체가 무너져 내릴 것이다. 삶의 폐허 속에서 나는 어떻게 되는 걸까?

내가 없다는 건 어떻게 된다는 것인가?

아무것도 없다는 것인가?

내가 없어진다면 난 어디에 있다는 것인가?

살면서 이런 질문을 해 본 적이 없는 나로서는, 이반 일리치의 죽음이 주는 이물감 때문에 쩔쩔맸다. 딛고 있던 땅이 흔들리고, 하늘이 내 머리 위를 향해 끊임없이 낮아지고 있었다. 난 지금 어디에 있는 것일까? 죽음은 나를 행방 불명자처럼 취급했다. 아무렇게나 해도 문제없는 존재 말이다.

이제 모든 사람들의 관심은 온통 이것뿐이었다. 그가 언제 저 고통으로부터 해방되어 세상을 떠날 수 있을 것인지, 그리고 환자를 지켜보는 이 불편하고 갑갑한 상태에서 도대체 언제 벗어날 수 있을지 하는 것 말이다.

죽음은 인간을 철저히 외톨이로 만든다. 죽음과 눈이 마주치지 않은 사람은 지금 죽어가는 사람을 절대로 이해할 수 없다. 단지 불편하고 갑갑할 뿐이다. 죽음이 사로잡고 있는 자는 오직 '그'뿐이다. 그 옆에서 간호하고 있는 사람들의 '생기'는 나와 죽음은 전혀 상관없다, 나를 '그의 죽음'에서 해방시켜 달라며 득달같이 달려드는 것이다. 그 어떤 절절한 인간관계도 죽음의 요새에서 죽어가는 사람을 구출할 수는 없다. 어쩌겠는가? 그들에겐 죽음이 보이지 않는 것을! 나는 치욕스러운 외로움에 부르르 떨었다.

아편과 모르핀도 죽음의 고통을 줄여 주지 못한다. 아들과 딸도 죽음을 함께 할 수 없다. 이반 일리치는 사람들이 자신을 마치 어린애처럼 어루만지고, 달래고, 쓰다듬어 주고, 입 맞추며 오직 자기를 위해 울어주기를 바랐다. 그러나 주위 사람들은 그에게 '곧 아주 좋아질 것'이라는 뻔한 거짓말만 했다. 그 거짓말만 남긴 채 그들은 곧 그들의 삶으로 달아났다. 이런 거짓말은 이반 일리치를 가장 힘들게 했던 것 중 하나였다.

그래서 이반 일리치는 하인 게라심과 함께 있을 때 한결 마음이 편안했다. 그는 거짓말을 하지 않았기 때문이다.

"우린 모두 언젠가는 죽습니다. 그러니 이런 수고 좀 못할 이유가 뭐가 있겠습니까?"

이 말에는 자신 역시 죽을 존재라는 진실이 담겨 있다.

이 말은 자신도 누군가에게 자신의 죽음을 처리해달라고 부탁할 수밖에 없는 한없이 연약한 사람이라는 솔직한 고백이다. 죽어가는 사람은 죽음을 인정하는 사람에게서만 편안함을 느낄 수 있다. 인간의 고통은 같은 고통을 가진 사람만이 완화시킬 수 있다. 어떤 병은 고통을 이겨낸 사람만이 가장 훌륭한 의사요, 치료약인 것이다.

영혼과의 대화

이반 일리치는 이제 어린애처럼 엉엉 울기 시작했다.
"도대체 왜 제게 이런 고통을 주시나요?
저를 왜 이렇게까지 고통스럽게 만드시는 겁니까?
도대체 왜 절 이렇게까지 괴롭히시는 건가요?"

그는 '왜'를 여러 번 써서 물었다. 이유를 알고 싶었던 것이다. 이런 처참한 고통에 아무런 이유도 없진 않을 테니 그 이유라도 안다면 덜 고통스럽지 않을까? 아무 잘못 없이 이런 고통을 겪는다면 그것이야말로 최악의 비극 아니겠는가. 인간에게 '이유 없음'이란 악마의 다른 이름이나 마찬가지다. 바로 그때, 신비한 일이 벌어졌다. 영혼의 목소리, 내면에서 솟아오르는 어떤 목소리가 이반 일리치에게 감지되었던 것이다.

'네게 필요한 것이 무엇이냐?'

이반 일리치는 '더 이상 고통받지 않는 것, 그리고 사는 것'이라고 대답했다. 영혼과의 대화는 이어졌다.

'사는 거라고? 어떻게 사는 거 말이냐?'
'어떻게? 전에 살던 것처럼 사는 것이지, 기쁘고 즐겁게.'
'전에 어떻게 살았는데? 정말 그렇게 기쁘고 즐거웠나?'

이반 일리치는 선뜻 대답할 수 없었다. 한때는 기쁨과 즐거움이라고 느꼈던 모든 일들이 토할 것 같이 역겨운 것으로 보였기 때문이다. 죽음이 가까워질수록 기뻤던 일들은 덧없고 의심스러운 것으로 변했다. 하지만 삶은 언제나 똑같았다. 하루를 살아내면 하루가 죽어가는 삶이었다. 이반 일리치는 믿을 수 없었다. 삶이라는 게 이렇게 무의미하고 역겨운 것이라니! 이유 없이, 인과응보가 아니라 그냥 죽어가는 삶이라니! 아니다, 무슨 이유가 반드시 있을 것이다. 분명한 이유를 반드시 찾아야만 한다.

'어쩌면 내가 잘못 살아온 건 아닐까?'

　그는 삶과 죽음 사이에 놓인 자신의 삶을 탐색해 보았다. 자신이 죽을 수밖에 없는 수수께끼를 그 역시 나처럼 인과응보로 여겼던 것이다. 죽음은 내가 잘못 산 것에 대한 처벌이어야만 한다. 그래야 '내가 잘 살았다면 죽지 않을 수도 있지 않았을까?' 하는 가능성이라도 남겨둘 수 있기 때문이다. 지금이라도 진심으로 뉘우치고 잘 살면 이 참혹한 죽음을 피할 수 있다는 희망을 얻을 수 있기 때문이다.

　　이게 뭐야? 정말로 내가 죽는단 말인가? 그의 내면의 목소리는 이렇게 대답했다. '그래, 이젠 정말이야.' 내가 왜 이런 고통을 겪어야 하지? 그러자 또 내면의 목소리가 대답했다. '그냥. 이유는 없어.'

　나는 탄식했다. 평범하고 착실했던 한 인간의 고통은 순수했다. 인간이 죽어가는 고통스러운 과정에는 별다른 이유가 없었다. 원래 그냥 그런 거였다. 책을 더 읽기 어려울 정도로 신경이 날카로워졌다. 치매와 뇌출혈로 고통받다 죽은 전 부장님에게 별다른 이유는 없었다. 언제 어떻게 죽을지 모르는 나의 죽음도 그냥 그런 것일 뿐이다. '그 냥 그런 거야. 이유는 없어'라는 얌전한 문장은 사납게 뛰 어올라 나의 마음을 갈가리 찢었다.

존엄한 한 인간의 소중한 생명이 저토록 비참하게 죽어 가는데, 그것에 아무런 이유도 없다니. 그렇다면 인간은 왜 사는 것일까? 인간의 고통이 원래 그런 거라면, 인간의 삶 역시 우발적인 사건일 뿐 아닐까? 인간의 삶과 죽음 모 두, 여름철 소나기 같은 한바탕 소동 아닌가. 갑자기 퍼붓 다가 이내 사라지면서 언제 그랬냐는 듯 무지개를 띄우는 하늘. 그 비에 홀딱 젖어버린 나에게 언제나 이유라곤 없 었다. 그냥 그런 거였다.

"난 죽고 싶지 않아!"라는 작은 고함들이 비명처럼 길 게 이어졌다. 이반 일리치는 가족들에게 마지막으로 해 줄 말조차 제대로 할 수 없었다. 그는 마지막으로 가족들 에게 '쁘로스찌(용서해줘)'라고 하고 싶었다. 그렇지만 그는 '쁘로뿌스찌(보내줘)'라고 말하고 말았다. 삶의 마지막 순 간에 구하는 용서조차 이기심 가득한 애원으로 변했다. 어느 순간부터 그에게 통증과 죽음은 그렇게 문제 되지 않았다. 그는 죽음 대신 빛을 보았고, 환희를 느꼈다. 그때 누군가 그를 굽어보며 말했다.

"임종하셨습니다!"

나는 나에게 희망이 될 것이다

삶의 무의미성에 기절하기 직전, 나는 간신히 의미 있는 마지막 문장을 읽어냈다. 그것은 이반 일리치가 죽고 나서 마음속에 되뇌었다는 말이었다.

'끝난 건 죽음이야. 이제 더 이상 죽음은 존재하지 않아.'

나는 처음으로 죽음에 대해 심각하게 생각했다. 철학자 에피쿠로스의 말이 떠올랐다. 그는 "내가 살아있을 땐 죽음이 없고, 죽음이 왔을 땐 이미 내가 없기 때문에 죽음을 두려워할 필요가 없다"고 깔끔하게 설명했다. 그는 죽음과 삶이 마치 동쪽과 서쪽이 정반대 위치한 것처럼 함께 있을 수 없는 것으로 보았다. 그러나 톨스토이의 생각은 달랐다. 삶과 죽음을 하나의 동전을 구성하는 양쪽 면으로 본 것 같다. 그에게 죽음이 끝났다는 건, 죽음과 함께 있던 삶도 동시에 끝난 것이다. 더 이상 죽음이 존재하지 않는다는 말은 더 이상 삶도 존재하지 않는 것이다.

삶과 죽음이 한 몸이라는 사실을 톨스토이는 왜 마지막에 선언하듯 적었을까. 어둠이 빛을 더욱 강렬하게 만들듯, 죽음은 삶을 더욱 강렬하게 만들기 때문일까? 인간의 눈이 어둠과 빛이 함께 있어야 세상을 볼 수 있듯, 인간의 마음은 삶과 죽음이 함께 있어야 비로소 세상을 진정으로 이해할 수 있게 된다는 의미일까?

나는 뭔가 꿈틀거리는 걸 느꼈다. 죽음이 나의 삶을 끝내는 사형 집행수가 아니라, 오히려 나의 삶을 진실하게 만드는 친구라는 생각이 들었다. 죽음이 없다면 삶도 있을 수 없다는 것도 함께 깨달았다. 낮과 밤이 하나가 되어 하루라는 시간을 만들고, 남자와 여자가 하나가 되어 아이라는 생명을 만들듯, 삶과 죽음이 만나 인간에게 의미와 가치라는 삶의 이유를 만든다고 생각되었다.

이반 일리치가 들었던 내면의 목소리, '그냥 그런 거야. 이유는 없어'는 사실일 수 있다. 인간은 그냥 태어난 것일 수 있다. 태어날 때부터 신이나 운명 등이 부여한 절대적인 삶의 이유는 없을 수도 있다. 그러나 인간이 살아가는 데 삶의 이유는 꼭 필요하다. 인간의 몸은 탄소로 구성되어 있지만, 인간의 마음은 의미로 구성되어 있기 때문이다. 우리의 코는 공기를 마셔 몸을 살리고, 우리의 영혼은 의미를 마셔 삶을 살린다. 삶의 이유가 사라졌을 때, 인간은 죽음을 느끼며 고통스러워한다. 그러나 분명한 삶의 이유와 의미가 있으면 삶과 죽음의 이분법을 넘어 당당하게 입을 열 수 있다. 자신이 선택한 삶의 이유와 의미의 최후 증언자가 될 수 있는 것이다.

나는 삶과 죽음의 이분법을, 삶의 이유를 찾기 위한 이진법으로 바꿨다. 컴퓨터의 0과 1이 수많은 파일과 영상을 만들어내는 것처럼, 인간의 삶과 죽음이 수많은 의미와 이야기를 만들어낼 거라 생각했다. 삶과 죽음의 이진법이 내게 준 첫 이야기는 '그럼에도 불구하고'이다.

"삶은 그냥 그런 거야. 삶에 별다른 이유는 없어. 맞아, 그럴 수 있어. '그럼에도 불구하고' 나는 삶의 이유를 스스로 만들 거야. 아무도 내 삶에 의미를 주지 않는 것이 사실이라면, 내 삶에 이유를 줄 수 있는 사람은 나 하나뿐이라는 것도 진실이야! 나는 나에게 희망이 될 거야."

가슴이 벅차올랐다. 죽음 때문에 거미줄 가득한 지하 창고처럼 변했던 마음에 빛이 들어왔다. 아마 이반 일리치가 마지막으로 보았던 그 빛도 이와 같았을 것이다. 이제 그가 죽음의 순간에 느꼈던 기쁨을, 나는 지금 여기 내 삶에서 느끼고자 한다. 삶의 구석구석에서 나는 나에게 희망이 될 것이다.

📺 보너스: 책 말고 애니

어느 날 눈을 떠보니
회사에도 집에도 내 편이 없었다

많은 사람들의 사랑을 받는 이야기에는 다 이유가 있습니다. 남녀노소 누가 봐도 공감할 수 있거나, 가슴을 뛰게 하거나, 눈시울을 붉어지게 하고, 푸하하 웃게 만드는 힘이 있죠. 《짱구는 못 말려》도 그중 하나입니다.

가족, 친구들과의 이야기들을 주로 담고 있는 이 애니메이션은 때로는 한 권의 책보다 더 우리의 마음을 움직입니다. 여러분도 금세 느낄 수 있을 겁니다. 이 웃기기만 한 줄 알았던 애니메이션이 코끝이 찡하게 뒤통수치는 일도 잘한다는 사실을요.

세상에 내 편은 아무도 없구나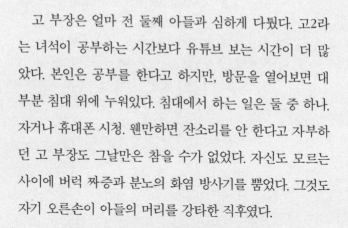

고 부장은 얼마 전 둘째 아들과 심하게 다퉜다. 고2라는 녀석이 공부하는 시간보다 유튜브 보는 시간이 더 많았다. 본인은 공부를 한다고 하지만, 방문을 열어보면 대부분 침대 위에 누워있다. 침대에서 하는 일은 둘 중 하나. 자거나 휴대폰 시청. 웬만하면 잔소리를 안 한다고 자부하던 고 부장도 그날만은 참을 수가 없었다. 자신도 모르는 사이에 버럭 짜증과 분노의 화염 방사기를 뿜었다. 그것도 자기 오른손이 아들의 머리를 강타한 직후였다.

"야! 이놈의 새끼! 초등학교 2학년도 너보단 많이 공부하겠다. 도대체 대학에 갈 거야 말 거야! 무슨 생각으로 사는 거야? 너를 보고 있으면 억장이 무너진다. 내 인생이 한심하고, 서글퍼져!!"

"아빠, 인생 한심한 게 제 탓이에요? 대학은 가서 뭐 하게요? 아빤 뉴스도 안 보세요? 좋은 대학 나와야 취직도 못하고 다들 편의점 아르바이트 자리도 못 구해 난리라잖아요. 저는 대학 안 가요. 그 돈이라도 아끼세요. 저는 그냥 아르바이트하면서 살 거예요. 그리고 머리를 때리긴 왜 때려요? 저도 내년이면 성인이에요. 머리 좀 때리지 마세요, 정말 짜증나!!"

눈에 넣어도 아프지 않던 막내다. 유달리 몸이 크고 잘 먹더니 이젠 집에서 키가 제일 크다. 운동을 좋아해 주짓수, 복싱, 검도 모두 유단자다. 고 부장은 자기보다 키도 크고 몸도 좋은 녀석이 벌떡 일어나 씩씩대자 본능적으로 위축되었다. 불꽃 튀는 눈싸움이 벌어졌다. 두 마리 수컷 짐승들은 서로를 잡아먹을 듯 쏘아 보았다. 언제 무슨 일이 벌어질지 모르는 팽팽한 긴장감. 그러다 놀라운 일이 벌어졌다. 고 부장 눈에서 눈물이 주르르 흐른 것이다. 방금 전 자신의 손이 자신의 억제력보다 빨랐듯이, 지금도 이 애매하고 화끈거리는 액체가 자신의 이성보다 빨랐다.

"그래, 미안하다."

고 부장은 그 말만 남기고 막내 방을 나왔다. 문이 닫히는 것처럼 마음도 닫히는 것 같았다. 이제 품 안에 자식이 아닌 것을, 왜 이리도 탁 놓지 못하는 걸까.

코로나 여파로 영업실적이 말이 아니다. 포장 전용 신제품을 출시하고, 배달 할인 행사 등 아무리 발버둥 쳐도 외식사업부 매출은 작년의 절반 수준에도 미치지 못했다. 다들 우리 탓이 아니라는 건 알았지만, 차마 대놓고 그렇게 말을 할 수 없는 분위기.

코로나 탓이니까 너무 기죽지 말라고, 위에서도 다 아신다고, 이제 곧 치료제도 나온다고 하니 코로나도 조만간 끝날 거라고, 그러니 힘내자며 회의를 끝냈다. 회의실을 나온 지 채 몇 분도 지나지 않아 팀원들 휴대폰 알람소리가 동시에 울렸다. 알람의 주인공은 어제 확진자가 60만 명을 넘었다는 뉴스 속보였다.

고 부장은 뉴스를 자세히 보지 않는다. 지난달 모 신문사에서 터트린 외식사업부 매각 소식 이후 언론을 도무지 믿을 수 없는 것도 그 이유 중 하나다. 뉴스가 완전히 엉터리만은 아니었다. 아니 땐 굴뚝에 연기 나랴. 3세 경영이 가시화되면서, 외식사업부가 찬밥 신세가 된 것은 어제 오늘 일이 아니었다. 게다가 코로나라는 명분까지 얻었으니 기정사실이 된 셈이다. 직원 최고참인 고 부장으로선 늘 불안했다. 어제는 일괄 사표 이야기까지 나왔다. 그것도 경영본부 동기 입에서 말이다. 고 부장은 담당자인 그의 말을 웃어넘길 수 없었다. 자신도 모르게 올 게 왔다는 표정을 지었다.

집에도, 회사에도, 세상 어디에도 내 편은 없다. 막내와 코로나가 동시에 나를 공격해 올 줄 누가 알았으랴. 고 부장은 폐암 경고 사진이 선명한 담뱃갑에서 마지막 까치를 꺼내 물었다. 담뱃불을 붙이고 먼 하늘을 무심히 올려 보았다. 담배 연기를 따라 맞은편 정류장에 버스가 정차한다. 버스 옆구리엔 언제나 그렇듯 옥외광고물이 크고 선명하게 걸려 있다.

'짱구네⋯. 짱구?' 《짱구는 못 말려》 극장판이 개봉하는 모양이다. '짱구 하면 엉덩이춤이고, 엉덩이춤 하면 막내였는데⋯.'

고 부장은 옥외광고판에 붙은 짱구와 액션 가면이 보이

지 않을 때까지 그 자리에 우두커니 서 있었다. 문득 짱구 아빠 목소리를 담당했던 성우분이 항암 치료 중 돌아가셨다는 기사가 생각났다.

짱구 아빠 명언

'짱구 아빠'라고 검색창에 입력하니, '성우 오세홍', '짱구 아빠 이름', '짱구 아빠 명언' 등의 연관 검색어가 보인다. 짱구 아빠 명언? 맞다, 그랬다. 아이들 키울 때《짱구는 못 말려》를 보면서, 짱구 아빠 신형만 씨 말씀에 감정 이입되어 아내와 아이들 몰래 울컥했던 게 한두 번이 아니다. '바로 저거다. 내가 일하는 건 가족을 위해서라고! 나도 오직 가족만을 위해 이 한몸 불사를 것이다!' 이런 가상한 아빠의 마음도 모르고 아들 둘은 씰룩씰룩 거리며 엉덩이를 흔들었다. 흔들리는 엉덩이를 보면서 아빠는 행복했다. 덕분에 아빠의 각오는 한 단계 업그레이드 되었다.

고 부장은 유튜브에서 짱구 아빠 명언을 검색했다. 동영상을 보고 있자니, 방금 내린 커피 같은 진한 추억의 향이 책상을 덮었다. 내친김에 동영상 하단에 깔린 자막을 급하게 받아 적었다.

'회사에서 일하기', '가족 서비스', 양쪽 모두 하지 않으면 안 되는 것이 아버지의 어려운 점이지.

아버지라면 누구나 공감 백배할 대사다. 입꼬리가 올라간다 싶더니 금방 내려왔다.

짱구야, 아빠가 인생에서 가장 행복하다고 생각했던 건 너와 짱아가 태어났을 때다.

'재훈아, 정훈아, 이 아빠도 마찬가지다. 너희 둘이 나에게 아빠라는 벅찬 이름을 줬다. 그래, 그 이름이 가슴 벅찰 때가 있었다.' 신형만 씨 대사를 볼수록 고개가 끄덕여졌다.

짱구 너도 누군가 보호해 줘서 이렇게 클 수 있었던 거야. 아빠도 그렇고.
자기 혼자 힘으로 컸다고 착각하는 사람은 그만큼 커질 자격이 없는 사람이라고나 할까.

고 부장은 이 장면을 캡처해 막내에게 보내야겠다고 신이 났다가, 0.1초도 안 돼 그만두었다. 누가 누굴 나무랄 처지가 아니었다. 고 부장에게도 아버지가 계셨다. 아버지를 생각하자니 고 부장도 금세 죄인이 되었다. 그렇게 호되게 종아리를 때리신 날, 내가 잠든 척하고 있다는 걸 아시는지 모르시는지, 아버지는 뻘겋게 올라온 살 위에 정성껏 약을 발라 주셨다. 이럴 거면 때리긴 왜 때리냐면서 서러운 마음에 울음이 한 움큼 올라왔지만, 어금니 꽉 물고 삼켰던 기억이 났다. 자기 혼자 힘으로 컸다고 착각하는 건 호모 사피엔스 사피엔스가 가진 이기적 유전자의 부스러기 같은 게 아닐까. 막내 얼굴과 자기 얼굴이 무척 닮아 보였다.

우린 세계를 지키는 히어로 따위가 아니야. 아이들에게 미래를 살아가게 해주고 싶은 아버지다.

아버지. 고 부장은 이제 막내와의 일은 까맣게 잊고 말았다. 갑자기 아버지가 보고 싶었다. 엄동설한 차가운 땅에 홀로 누워 계실 아버지의 육신이 보이는 듯했다. 이 와중에 수의 값이 비싸다며 싸웠던 자기 모습은 왜 또 이렇게 또렷이 기억나는지 모르겠다. 반면, 그 흔한 변명거리는 하나도 떠오르지 않았다.

대신 일할 사람은 있어도 대신할 아빠는 없어.

아버진 평생 택시를 모셨다. 교통가족이라며 자랑스러
워하셨다. 내가 아무리 잘해도 남이 잘못하면 다 꽝 되는
게 운전이라며 아들에게도 안전운전을 신신당부하셨던
아버지. 아버지를 대신할 분은 없었다. 누군가의 빈자리는
빈자리가 생기고 나서야 깨닫는다던가. 운전대를 놓으신
후, 끼니마다 소주를 드셨던 아버지를 그땐 이해할 수 없
었다. 지금은 고 부장이 그렇게 되었다. 살아계셔서 지금
내 모습을 보신다면 뭐라 하셨을까. 몸에도 안 좋은 술을
왜 그렇게 마시냐고 걱정하셨겠지. 그때 내가 아버지께,
그리고 지금 아들 녀석들이 내게 하는 것처럼.

꿈은 도망가지 않아
도망가는 것은 언제나 자신이야

이번 대사는 읽는 순간 몸이 굳었다. 메두사의 얼굴을
본 것 같았다. 꿈이라는 단어는 늘 사람을 이렇게 만든다.

차가운 물로 하는 한겨울 세안 같다고나 할까. 꿈은 따뜻한 외모와는 달리, 꿈꾼 사람을 알싸하게 만드는 차가운 정신을 가졌다. 그렇다고 꿈이 그 사람과 멀리 떨어진 별나라에 숨는 것도 아니다. 꿈은 자신을 품은 사람과 함께 묵묵하게 삶을 살아간다.

그러나 우리는 삶의 응급실에서 꿈을 잃어버리곤 한다. 꿈이 바로 자신 안에 있다는 사실을 하얗게 망각한다. 갑자기 올라버린 전세금이나 거금의 병원비 마련은 그야말로 응급상황이다. 고 부장도 응급호출을 여러 번 받았다. 그때마다 그는 아버지, 가장, 남편, 장남으로서 당황하지 말고 꼭 해결해야만 한다는 의무감에 불타올랐다. 응급호출은 기가 막힌 타이밍에 울렸다. 몇 년을 가까스로 모은 세계여행 적금은 전세금 인상분으로 쓰였다. 집은 없어선 안 될 것이므로 선택의 여지가 없었다. 세계여행을 다녀왔다가 돌아갈 집이 없어지면 큰일 아닌가. 어쩌다 짭짤한 수입이 생기면 병원이 제 것인 양 가져갔다. 짭짤한 맛은 쓰디쓰게 변했지만, 그래도 갑작스러운 병원비를 미리 챙겨주셔서 아들 노릇할 수 있게 해 주신 하늘에 감사했다. 벼르고 벼렸던 MBA 진학은 벼르기만 하다가 결국 못 했다. 아이들 학원비 때문에 고 부장도 공부하고 싶단 말을 차마 할 수 없었다. 그렇게 세월의 수레바퀴는 돌고 돌 았다.

그런데 짱구 아빠는 도망간 것은 꿈이 아니라 언제나 자기 자신이라고 지금 고 부장에게 말하고 있다. 인생에서 이런저런 사건 사고가 없는 날이 있던가. 앞으로도 그런 날은 결코 없을 것이다. 자신이 도망가지 않고 계속 꿈 꿨다면, 분명 어떤 모양새로든 그 꿈을 맛봤을 거다. 꿈이 삶이 될 때까지, 삶이 꿈이 될 때까지, 꿈과 삶이 하나가 될 때까지, 꿈은 나서거나 도망가는 법이 없다. 팔이 땅에 닿을 정도로 지쳐 그 사람이 찾아오면, 그동안의 삶을 전혀 몰랐다는 듯 꿈은 해맑게 웃는다. 그리고 모든 걸 이해한다는 표정으로 마치 성직자처럼 말한다. 기다리고 있었다, 늦지 않았다, 다시 시작하자, 나는 절대 너를 배신하지 않는다.

꿈은 최대한 실현하기 위해 음지에서 계속 노력하는 한, 그 누구도 상처 입히는 일이 없어.

그렇다, 꿈은 그 누구도 상처 입히지 않는다. 고 부장 가슴에 온기가 돌았다. 영혼의 낡은 보일러가 돌아가기 시작했다. 이제 막 물이 보충된 것처럼 쿨럭쿨럭 소리가 났지만 분명히 움직였다. 게다가 살짝 설레기까지 했다. 짱구 아빠 말대로 "과연 이걸 할 수 있을까, 없을까?"라는 걱정할 게 아니다. 결정할 것은 이것뿐이다. 한다, 안 한다.

언젠가 사라질 것들을 바라서는 안 돼. 우리는 사라질 것들을 바라기 위해서가 아니라, 함께 놀기 위해서 이 세상에 존재하는 거라고.

고 부장은 자신이 그동안 사라질 것들을 위해 참 오래 애써왔다고 느꼈다. 왜 사는지, 자신의 존재 의미는 무엇인지 물을 때마다 마땅한 대답이 없었던 고 부장은 함께 놀기 위해서 이 세상에 존재한다는 짱구 아빠의 말에 대단히 만족했다. 4대 성인 말씀 그 어디에도 뒤지지 않아 보였다.

언젠가 아내가 동영상 하나를 추천했다. 온 가족이 낡은 버스를 타고 시베리아 대륙을 횡단하는 내용이었다. 방송 PD가 어떻게 이런 용감한 결정을 하게 되었냐고 주인공 아버지에게 질문했다. 운전대를 잡은 아버지는 담담하게 답했다.

"부장님, 부장님, 이렇게 불리는 게 어느 날 갑자기 서글펐어요. 아이들에게 아빠라고 기억되고 싶었어요."

포르투갈 호카곶에서 온 가족이 부둥켜안고 우는 모습을 보면서 고 부장도 따라 울었다. 왜 눈물이 났는지 그땐 몰랐다. 지금은 알 것 같다. 가족은 함께 놀기 위해 존재하기도 한다. 그러나 우리는 그런 존재 목적이 있는지조차 몰랐다. 부모는 돈에, 아이들은 공부에 매몰된 삶. 하늘의 뜻을 거슬러 땅만 보고 사는 자신을 구출하기 위해 저 가족들이 먼저 세상을 향해 나선 것이다. 매몰되었던 사람에게 구조 대원의 생생한 목소리가 들리기 시작했으니, 어찌 감격의 눈물이 흐르지 않을 수 있겠는가. 이제 짱구 아빠가 악당과 한 아래 대화가 왜 명대사로 분류되는지 알 것 같았다.

짱구 아빠: 난 가족들과 미래를 살아갈 거야!
악당: 시시한 인생이군.
짱구 아빠: 내 인생은 시시하지 않아! 가족이 있는 기쁨을 당신에게도 나눠주고 싶을 정도라고!

아빠의 자리는 언제나 가족들의 옆이다

짱구 아빠는 결혼과 결혼 생활도 침착하게 구별해 냈다. 그는 "결혼이라는 것은 훌륭한 것이지만 결혼 생활이라는 관습을 갖다 붙이는 건 잘못된 일"이라고 생각했다. 고 부장도 이에 격하게 공감했다. 결혼 생활은 이러저러해야만 한다는 관습이 오히려 결혼의 생명력을 박제해 버렸다. 박제된 채, 남에게 보이기 위한 진열장 부부가 주위에 얼마나 많은가. 고 부장은 결혼의 훌륭함이 빚어낸 것들을 천천히 생각해 보았다. 무엇보다 빛나는 건, 역시 두 아이였다. 결혼이 자기에게 준 가장 큰 의미는 나의 자리를 공간이 아닌 사람 마음에 마련해 준 것이다. 광활한 이 우주 안에 나를 닮은 사람이 자리 잡고 있다는 건 정말 황홀한 일이다.

짱구 아빠는 남에게 호감을 사는 비결을 아내에게 귀띔한다.

당신이 내일 만날 사람 중 4분의 3은 나와 같은 의견을 가진 사람 어디 없나 하고 필사적으로 찾고 있어. 이 바람을 이루어주는 것이 남의 호의를 얻는 비결이야.

우리는 자신의 의견을 존중해 주는 상대방을 좋아한
다. 내 생각을 받아준다는 건, 나의 힘이 그에게 어느 정
도 영향을 미쳤다는 의미이기도 하다. 자식이건 그 누구
건 내 말 안 듣는 사람만큼 미운 사람도 없다. 말이 통하
지 않는다는 건 인간에겐 큰 상처다. 짱구 아빠는 이걸 정
확히 알았다.

정글에서 살아남기 위해 꼭 필요한 생존능력 중 하나
는 적군과 아군을 정확하게 구별하는 능력이다. 내가 남
에게 바라는 건 남도 나에게 바라기 마련이다. 내가 나와
같은 의견을 가진 아군을 찾듯, 남들도 그러하다. 내 편이
많을수록 생존 가능성은 커진다. 남의 바람을 이루어주
라. 그의 의견에 공감하라. 그러면 호의를 얻을 것이다. 약
삭빠르다는 느낌보단, 오래된 회사 생활을 통해 쌓인 인
간에 대한 이해가 느껴졌다.

고 부장은 방금 사표를 제출했다. 23년하고도 8개월의
세월이 소복하게 쌓인 책상 위에 걸터앉은 채, 그는 골똘히
생각에 잠겼다. 곧 놀라운 사실 하나를 깨달았다. 회사만
아니라면 그 어느 곳이라도 좋을 것 같던 20대부터 더 이
상 물러날 곳 없는 지금까지, 회사는 한 번도 변한 적이 없

었다. 그건 사실이다. 변한 게 있다면, 그건 언제나 자기 자신이었다. 낙엽이 바람에 이끌려 이리저리 흩어지듯, 마음이 욕심에 이끌려 이리저리 흩어졌을 뿐이다. 변덕 심한 마음 때문에 애꿎은 동료들만 그동안 고생 많았구나 싶었다.

사표가 수리된다면 뭘 해야 할까? 가족들과 상의해서 긴 여행을 하고 싶다는 생각이 가장 먼저 들었다. 그동안 애써 일한 이유 중에는 가족과 즐겁게 노는 것도 포함되어 있기도 하니까 말이다. 갑자기 이렇게 고참들이 우르르 퇴사하면 회사가 잘 돌아갈지 걱정됐다. 없어지는 본부와 새로 생길 본부 사이에서 아끼는 후배들이 갈등하지 않고 잘 적응해 주길 바라는 마음은 덤으로 따라 나왔다. 고 부장은 갑자기 껄껄 웃었다. 짱구 아빠 명대사 중 가장 마지막에 적은 것이 생각났기 때문이다. 이 대화를 떠올리고 나니 이상하게도 마음이 가볍고 단순해졌다.

짱구 아빠: 그나저나 회사 일은 어떻게 됐을까?
짱구: 아빠 걱정만큼 빈자리가 크진 않을 거예요.